財政担当のための

# はじめての
# 予算査定
# Q&A

岡本 寛 [著]

学陽書房

# は じ め に

　本書は、人事異動で初めて財政課に配属された方に向けて、予算査定に必要な基本的な知識や心構え、査定の考え方や実践的な手法などをできるだけ現場の実態に即して解説したものです。

　財政課では、「査定って何やるんだろう……」「果たして自分に務まるだろうか……」と、漠然とした不安を抱えている方が多いと思います。

　私も、入庁以来、福祉関係部署のみに８年在籍し、予算業務はあまり関わることがなく、予算科目の「款・項・目」や、委託料や扶助費などの「節・細節」も"聞いたことがある"程度でしたので、財政課への辞令を初めて受けた時は、４月を迎えるのが不安な気持ちでいっぱいでした。

　また、私の前職はファミリーレストランのコックで、法律に精通しているわけでも、数字に強いわけでもなく、予算査定１年目は分からないことだらけで、想像以上に苦労したことを覚えています。

　財政課を希望して配属になり「バリバリやってやろう」という方はとても素晴らしく素敵なことですが、本書を手に取った方は、おそらく私と同じような不安を抱え、途方に暮れながらも、何とか頑張りたい、という気持ちの方が多いのではないかと思います。

　そんな皆さんに声をかけるとしたら、まずはこんな言葉でしょうか。「地道に努力を積み上げていけば大丈夫。なぜなら、予算の素人だった私でも、色々な人に支えてもらいながら何とかやってこれたから。」

　そうは言っても、抽象的な言葉だけでは不安を払拭することは難しいですよね。特に予算査定は、基本的な考え方はあるものの様々な事業が要求されるため、画一的な査定のマニュアル化が難しく、経験しなけれ

ば分からない、という結論に帰着しがちです。

　私が一度財政課を転出した際にも、後輩には査定のコツを言葉で伝えたものの、目に見える形では、あまり残すことができませんでした。そこで、はじめての査定に取り組む新人財政課担当の方をサポートするためにつくったのが、この本です。

　本書は、私が上司や先輩から学び、経験を積み重ねて自分の糧にしてきた「査定のコツ」について、ビギナー向けに基本的なポイントをまとめたものです。財政課以外の方でも査定の実務を理解できるよう、分かりやすく具体的に説明しています。本書の構成は次の通りです。

　　第1章　予算査定が"できる"職員になるための事前準備
　　第2章　効率的に正しく行うヒアリングのコツ
　　第3章　無駄やミスをなくす査定のコツ
　　第4章　焦らない分野別の査定のポイント
　　第5章　手戻りがなくなる上司査定のテクニック
　　第6章　＋α知識とスキルアップのコツ

　私も財政課で、首長査定の場でリアルに意思決定がなされていくプロセスを体感するなど、この部署ならではの貴重な経験を何度もさせてもらいました。また、財政課での時間は「同じ釜の飯を食う」という感覚に近いものもあり、長い査定期間での職員同士の支え合いや苦楽の共有などを通じて、職員間の強い絆を感じる職場でもあると思います。

　大きな不安を抱えながら予算査定に臨む皆さんが、こうした財政課の楽しさを感じながら、前向きな気持ちで仕事に取り組めるようになるために、本書が少しでもお役に立てれば幸いです。

　縁あって、また財政課に戻ってきたからこそ、本当にそう思います。

　ようこそ財政課へ。一緒に頑張りましょう。応援しています。

　　　　　　　　　　　　　　　　　　　　　　　　　　　　岡本　寛

第1章 予算査定が"できる"職員に なるための事前準備

**ここだけ押さえる！**

## 第2章 効率的に正しく行うヒアリングのコツ

**ここだけ押さえる！**

## 第3章 無駄やミスをなくす査定のコツ

**ここだけ押さえる！**

## 第4章 焦らない分野別の査定のポイント

### ここだけ押さえる！

要求種別ごとの査定のポイント〜査定の引出しを増やすために〜 ⋯ 92

第5章 # 手戻りがなくなる上司査定のテクニック

**ここだけ押さえる！**
## 上司査定の基本〜査定から復活要望まで〜 ···························· 130

## 第6章　＋α知識とスキルアップのコツ

**第1章**

# 予算査定が"できる"職員になるための事前準備

# 事前準備の基本
## ～予算査定に挑む前に～

### ▶予算は歳入歳出予算だけではない

　いわゆる「予算」というと、歳入（住民税など）歳出（社会保障経費や施設整備費など）予算を思い浮かべる方がほとんどではないでしょうか。財政課に配属される以前、入庁から福祉部門だけにどっぷり浸かっていた私もそう思っていましたが、実はそれだけではないのです。

　それではまず、皆さんの職場にある予算書を開いてみましょう。自治体によって予算書の様式は若干異なりますが、様々な予算の情報が書かれているはずです。ここから、「予算」が何なのか、見えてきませんか？「債務負担行為」や「地方債」など、歳入歳出予算以外にも、いくつかの項目が記載されています。

　「予算とは？」の答えは、地方自治法に次のように規定されています。

---

　（予算の内容）

地方自治法第 215 条

　　予算は、次の各号に掲げる事項に関する定めから成るものとする。

　　一　歳入歳出予算　　二　継続費　　三　繰越明許費

　　四　債務負担行為　　五　地方債　　六　一時借入金

　　七　歳出予算の各項の経費の金額の流用

---

　項目ごとの内容は後述しますが、財政課職員の当たり前の大前提として、**歳入歳出予算だけが「予算」ではない**ことを押さえておきましょう。

## ▶査定の目的は「最少の経費で最大の効果を」

「予算査定」とは、歳出見積額を何らかの根拠に基づき精査し、縮減させることなどを言います。

要求ベースでは歳出予算が歳入予算を大幅に上回る状況が恒常的で、そのために例年厳しい査定が必要な自治体も多いでしょう。

では、査定の目的は、収支不足の解消なのでしょうか？　実は、査定の目的の本質は、地方自治法に以下のように規定されています。

> 地方自治法第2条第14項
>
> 　地方公共団体は、その事務を処理するに当つては、住民の福祉の増進に努めるとともに、最少の経費で最大の効果を挙げるようにしなければならない。

査定の目的は「**最少の経費で最大の効果を**」に集約されます。ただし、法律では「地方公共団体は」とされているので、財政課だけではなく、所管課にも同じ責務があることも理解しておく必要があるでしょう。

## ▶予算査定の基本的な流れを理解

予算査定の基本的な流れは以下の通りです。

> ① 予算要求　② 担当ヒアリング　③ 担当査定
> ④ 上司・首長への要求と査定の説明　⑤ 所管課への査定の説明

この中でも重要なのは、④と⑤の査定の「説明」と言えるでしょう。

予算査定は、机上の作業だけで終わりではなく、**その考え方や理屈を「説明」する必要が**あります。緻密な査定をした場合であっても、その

説明は、**簡潔明瞭で分かりやすいもの**であることがベストでしょう。

　経験が浅いうちは、こまごまとした説明になりがちで、伝えたいことが伝わらないことも多いものですが、コツを掴めば上手く説明できるようになります。具体的な手法は3章以降で紹介します。

## ▶財政課は偉くない

　財政課は、自治体の財政運営の根幹を担っているといえます。

　仕事の質も量も庁内ではトップクラスでしょうし、配属1年目から相当の責任を課せられるため、各所管課のエース級の職員が集められることも多く、「花形」な部署として見られていることも多いでしょう。

　こういったことを踏まえて、私が部下に常に伝えていたことは、「**財政課は偉くない**」ということです。様々な庁内連携が求められる財政課職員にとって、これを心得ることはマストです。

　庁内の部署はどこでも、自治体を構成する一組織として、日々、住民の生活向上のための業務を担っており、財政課もそのうちの一つです。役割分担が異なるだけで、決して所管課よりも偉いわけではありません。

　これは、**財政課での仕事を円滑に進め、所管課と丁寧に調整しながら的確な予算査定につなげるために最も大切な心構えの一つ**であり、一方で、若手職員が勘違いしやすいところでもあります。

　くれぐれも「財政課」という看板にあぐらをかいてはいけません。

## ▶自ら学ぶ姿勢が大切

　財政課に配属されたばかりで予算のイロハも分からない場合は、とにかく漠然とした不安を抱えながらの毎日を過ごす人もいるでしょう。

　かく言う私がそうで、予算見積書すらほとんど作成したことがなく、配属当初は課内で飛び交う言葉の多くも初耳でした。

分からない言葉はそのままにせず、その都度自分で調べたり、書籍を購入して勉強したりするなど地道に自ら学ぶことで、知識を蓄えることができます。また、担当部局の事業を知りたい場合も、所管課職員に依頼して説明を受けることができます。担当部局が何らかの予算要求を予定している施設や道路などは、所管課にお願いして**予算査定前に実際に現場を見学**しておきましょう。現場知らずの査定は的確とは言い難いですし、上司や首長への適切な状況説明も難しくなるばかりか、誤った判断にもつながりかねません。

　しかしながら、**所管課職員の時間をいたずらに奪うことなく、まずは自分で学ぶ姿勢が大切**です。所管課職員も暇ではありません。さらに査定でも、所管課から聞いたことだけでなく、**自ら調べて様々な角度から客観的に整理しなければならない局面**は多々あります。査定資料や担当部局が作成する事業概要や想定問答など、自ら勉強できるネタは前任から山ほど引き継いでいるはずです。これらの資料で研鑽に励みましょう。

## ▶1年目は聞くことも仕事

　所管課では核となるベテランだった人でも、財政課での1年目は、思うようにいかないことも多く、特に予算査定期間の業務量の多さや求められる質の高さに挫折することもあるかと思います。

　財政課の仕事は楽ではないですし、特に予算査定は、机上では語り尽くせない、経験なくしては語れないこともあるので、苦しみながら乗り越えることで、2年目に大きな成長がみられることも多いものです。

　そう考えると、1年目は、**先輩職員に遠慮なく様々な教えを乞うことができる唯一のチャンス**とも言えるでしょう。皆さんの上司は、2年目には自立した信頼できる財政課担当として扱ってくるかもしれません。

　**1年目は先輩に聞くことも仕事**と捉えて、ベテラン職員の知識やスキルに具体的に触れ、良いところは盗み、自らの糧にしましょう。

## Q1 予算は誰のために誰が作るもの?

**A** 予算は「住民のため」に「所管課と財政課が協力して作る」ものです。財政課で仕事をするにあたって、最も大切な心構えの一つです。

### ▶所管課と敵対関係ではいけない

皆さんが財政課に着任する前は、財政課に対してどのような印象を持っていましたか?

担当する事業の予算が削られたり、執行でも厳しいことを言われたりと、味方というより敵のイメージをもっていた方が多いかもしれません。

ただ、財政課担当は、もちろん予算で査定するべきところはしなければならず、執行管理も厳しくやらなければいけないのですが、**所管課とは、少なくとも敵対関係にはならないようにしましょう。**

予算でいえば、表面上は「要求 VS 査定」で対立構造になりやすいのですが、この構造は住民にとってあまり意味がありません。

前述の通り、所管課も財政課も、住民のための業務を日々担っており、役割分担が異なるだけです。皆さんも、所管課の協力なくては乗り切れない場面もあるはずです。

その意味でも「**敵対関係は百害あって一利なし**」です（図表1-1）。

### ▶所管課と財政課で協力して作る

「予算は誰のためのもの」と聞かれたら、納税者である「**住民のための**

もの」と言えるでしょう。特に予算ヒアリングでは、要求する所管課、査定する財政課、それぞれの立場を如実に感じることになります。

　予算が住民のためのものであるならば、より良い予算を作り上げるためには、**所管課と財政課がお互いの立場を理解した上で協力するべき**でしょう。財政課担当は、**予算査定を通じて住民の生活の下支えをしている**、という意識を持つことが大切です（図表1-2）。

●図表1-1

所管課と財政課の敵対関係は意味がない。お互い住民のための仕事をしている。

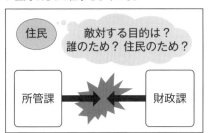

●図表1-2

予算は住民のためのもの。所管課と財政課は協力して予算を作る意識を持つべき。

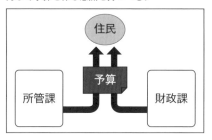

## ▶良好な関係を築くためには

　敵対関係はNG、予算は協力して作るもの、となれば、所管課とは良好な関係を築いておいて損はないでしょう。

　財政課担当は、上司と所管課との板挟みになったり、所管課との調整がうまくいかなかったりと、特有のストレスを感じることもあります。

　そうであっても、**所管課の相談には目の高さを合わせて真摯に対応し、**自らに対しては**常に謙虚に驕ることのないよう、**自らを律しましょう。結局は人と人です。財政課担当こそ、そうあってほしいと願っています。

**┃Point ┣**━━━━━━━━━━━━━━━━━━━━━━━●

予算は所管課と財政課が協力して作る住民のためのもの。
そのためには所管課との関係は大切に。真摯に謙虚に対応しよう。

# Q2 担当になったらすぐに 知りたい用語は？

**A** 予算関係の基本的な用語を押さえましょう。ここでは、財政課2年目以降の先輩は皆知っている、最低限確認すべき用語を簡単にご紹介します。条文もしっかり確認しましょう。

## ▶予算の原則に関する用語

予算を決める時に用いられる原則は、財政課では当たり前の原則です。

当たり前すぎて根拠を忘れがちですが、次表のように地方自治法に定められています。何事も根拠を押さえる癖をつけましょう。

| 原則 | 条項 | 概要・ポイント |
|------|------|----------------|
| 会計年度独立 | 法208条 | 一会計年度は、4月1日から翌年3月31日まで。また、当該年度の歳出予算は当該年度の歳入で賄い、原則として、当該年度のみ執行できる（例外もある）。 |
| 総計予算主義 | 法210条 | 一会計年度で見込まれる全ての収入と支出は、歳入予算及び歳出予算として、別々に計上しなければならない。 |
| 単一予算主義 | — | 歳入と歳出は、基本的には一般会計で経理する。一般会計の他にも、特定の歳入を特定の歳出に充てて行う事業の場合は、自治体の条例で特別会計を設置することができる。（法209条） |
| 事前議決 | 法211条 | 予算は、原則として、年度開始前に議会の議決を得る。住民の代表たる議会を軽視はできない。 |
| 予算統一 | （例）法216条 | 歳入歳出予算の款項の区分や予算の様式は、総務省令で基準が定められている（地方自治法施行令147条）。 |
| 予算公開 | 法219条2項 | 予算書や予算説明資料は、住民が収める税金の使い道を表すもの。速やかに公表しなければならない。 |

## ▶予算の種類に関する用語

　予算の種類には大きく分けて3種類あります。

　自治体の予算は、通常予算（当初予算）を基本として調製しますが、通常予算編成以降の社会情勢の変化などに対応するため、補正予算を調製できることが地方自治法に定められています。

　なお、変化に対応する手法として、補正予算化せずに既定予算の流用などにより執行する場合もありますが、**政策的に外部発信する必要がある事業は補正予算化する**ことが多いようです。

| 種類 | 条項 | 概要・ポイント |
|---|---|---|
| 通常予算 | ― | 一会計年度で定める最も基本的な予算で、当初予算と呼ばれることが一般的。<br>いわゆる「予算査定」は、当初予算の査定作業を指すことが多く、作業量のウェイトも最大。 |
| 補正予算 | 法218条1項 | 当初予算調製後、災害や感染症対応などの状況に変化が生じた場合に、速やかに対応するため、当初予算に追加して調製される予算。<br>国の補正予算に呼応して自治体で補正予算を調製する場合もある。 |
| 暫定予算 | 法218条2項 | 一会計年度がスタートする4月までに当初予算案の議決が得られない場合などは、4月以降の住民生活に支障が生じる。<br>このような場合は、一会計年度のうちの一定期間の、暫定予算を調製することがある。当初予算までのつなぎの予算とも言われる。 |

## ▶予算の内容に関する用語

　地方自治法では「予算の内容」として7項目が規定されています。しっかり理解しておきましょう。

| | 種類・条項 | 概要・ポイント |
|---|---|---|
| 1 | 歳入歳出予算<br>【法210条】 | 一般的に「予算」と呼ばれているものが歳入歳出予算。財政課担当の主な査定作業は、歳入歳出予算を査定する作業を言う。 |
| 2 | 継続費<br>【法212条】 | 予算の執行は単年度が原則だが、大規模な工事など、完了まで明らかに複数年度に渡ることが見込まれる場合は、①総額、②年割額（年度毎の執行額）をあらかじめ定めて議会の議決を得ることで、複数年度分の執行が可能になる。<br>会計年度独立の例外規定で、複数年度契約の根拠規定となる。 |
| 3 | 繰越明許費<br>【法213条】 | 予算の執行は単年度が原則だが、予算の性質や成立後の事情によって、当該年度中に執行が完了しない場合は、あらかじめ議会の議決を得ることで、翌年度に繰り越して使用することができる。<br>会計年度独立の例外規定。 |
| 4 | 債務負担行為<br>【法214条】 | 継続費や繰越明許費以外の事業で、将来の負担が確実なものについて、①事項（事業名称）、②期間、③限度額をあらかじめ定めて議会の議決を得ることで、複数年度分の執行が可能になる。<br>会計年度独立の例外規定で、複数年度契約の根拠規定となる。 |
| 5 | 地方債<br>【法230条】 | 施設や道路など、将来に渡って利用者に利益が生じるものの整備や購入の財源として、予算で定めた上で地方債（≒ローン）を起債することができる。<br>地方債は、現役世代と将来世代の負担を平準化するものとも言われる。 |
| 6 | 一時借入金<br>【法235条の3】 | 歳出予算を実際に執行する際には現金が必要になるが、一時的に現金に不足が生じる場合に、あらかじめ予算で定めておくことで、現金不足に対応するための借入をすることができる。 |
| 7 | 歳出予算の各項の経費の金額の流用<br>【法220条2項】 | 予算で定める予算区分は「款」「項」であり、これらの間では流用（お金のイリクリ）はできないが、あらかじめ予算で定めておくことで、同じ款内の各項の流用ができる。執行が確実に必要な人件費等を定めることが多い。 |

## ▶歳入科目と歳出科目

　歳入歳出予算は、最も大きな分類を「款」として、以下「項」「目」「節」に分類されるなど、一定のルールがあります。

　歳入は、市（町村）税や国庫支出金などの大きな括りを「款」とし、款：市（町村）税であればこれを一段階細分化し、市町村民税と固定資産税などの「項」として区分されています。歳出は、議会費（議会運営に要する経費）や総務費（総務管理的な経費や住民税の徴収に要する経費等）など目的ごとの大きな括りを「款」とし、一段階細分化した内容が「項」とされています（地方自治法216条）。

　歳入歳出ともに、項をさらに細分化したものを「目」と言い、さらに目内で詳しく分けたものを「節」と言います。これらの区分は、自治法施行規則別記（15条関係）に定められています。

　なお、議会の議決対象となる「款」「項」をまたぐ流用は原則できません。行政委員会など、項レベルの予算規模が小さい場合は、査定が厳しすぎると、同じ款内でも他の項からの調整ができず、補正予算になりやすいため、要注意です。

## ●自治法施行規則別記（15条関係）（一部抜粋）

歳入予算の款項目の区分

| 款 | 項 | 目 |
|---|---|---|
| 1 市（町村）税 | 1 市町村民税 | 1 個人　2 法人 |
| | 2 固定資産税<br>…… | 1 固定資産税<br>2 国有資産等所在市町村交付金及び納付金<br>…… |
| 2 地方譲与税 | 1 地方揮発油譲与税 | 1 地方揮発油譲与税 |

歳出予算の款項目の区分

| 款 | 項 | 目 |
|---|---|---|
| 1 議会費 | 1 議会費 | 1 議会費 |
| 2 総務費 | 1 総務管理費 | 1 一般管理費　2 文書広報費　3 財政管理費<br>…… |
| | 2 徴税費 | 1 税務総務費　2 賦課徴収費 |

## ▶財源（歳入）を分類別に示す用語

　財源には、歳入科目のほかにも分類方法があります。「使途の違い」で分類する一般財源と特定財源、「自治体自らが徴収するか否か」で分類する自主財源と依存財源に整理できます。

　次の表から、予算査定は、一般財源の使い道を決めている、と言いかえることもできるでしょう。

### ●分類方法による財源の名称と説明
財源は、使途の違いや誰が徴収するかによって分類ができる

| 分類方法 | 名称 | 説明 |
|---|---|---|
| 使途の違い | 一般財源 | 使途が決められておらずどの経費にも使用できる収入。住民税（市町村税）や地方交付税などがある。予算見積もり時点では一般財源が不足している。歳出予算の査定により一般財源が縮減され、予算案（収支均衡）に近づいていく。 |
|  | 特定財源 | 使途が決められており特定の経費にのみ充当できる収入。使用料及び手数料や、国庫支出金などがある。 |
| 自治体が自主的に徴収するか否か | 自主財源 | 自治体が自主的に徴収する収入。自治体の財政運営の根幹である住民税（市町村税）のほか、公共施設の使用料なども自主財源。 |
|  | 依存財源 | 法律等に基づき国や県から交付される収入等。地方消費税交付金や国庫支出金などがある。 |

### ●財源の区分別整理表
分類方法別にマトリックスで整理すると、次の表のようになる

|  | 自主財源 | 依存財源 |
|---|---|---|
| 一般財源 | 住民税 | 地方交付税　　地方譲与税<br>地方消費税交付金　　地方特例交付金 |
| 特定財源 | 使用料・手数料<br>分担金・負担金 | 国庫支出金　　県支出金　　地方債 |

※出典『スッキリわかる！ 自治体財政のきほん』（武田正孝、2016、学陽書房）

# ▶予算査定の訓練ができる執行協議

　所管課からは「当初予算に計上されていないものの、当該年度に緊急的に実施しなければならない事業がある」などの相談が頻繁にあります。

　この場合、緊急性から補正予算を待てないものや、事業費の規模的に補正予算化するまでもないものなどは、所管課が財政課に事業の実施を協議し、認められれば既定予算を活用して執行することができるという仕組みがあります。この仕組みは「執行協議」などと呼ばれています。

　執行協議では、皆さんが上司に状況を説明し、財政部門として実施の是非を判断するにあたって、「なぜ当該年度に実施しなければならないのか」「実施しない場合にどのような支障が生じるのか」「なぜその実施方法によるのか」「事業規模は妥当なのか」など、所管課から様々な要因をヒアリングする必要があります。

　執行協議は、財政課担当にとって事業実施の可否を判断するための**予算のヒアリングに類似**するもので（詳しくは後述）、最初はそれなりの事務負担となります。

　しかし、財政課担当1年目で、補正予算や執行協議を全く経験せずに当初予算の査定に臨むのは、思いのほか心細いものです。たて続けに執行協議や流用の相談を受けると、通常業務に手が回らなくなり焦ることもありますが、そのような場合でも考え方を転換し、**査定の訓練として前向きに**取り組んでみましょう。

## ▌Point ▐

基本的な用語は仕事を通じて自然に覚えるので大丈夫。

補正予算や執行協議は予算査定までの前哨戦ととらえよう。

## Q3 査定担当者に必要な 基本的なスキルとは？

**A** 予算査定には、技術的な引出しやひらめきも大切ですが、諦めない粘り強さや対人スキルなどが何よりも重要です。

## ▶粘り強さ

　経験が浅いうちは、所管課の言い分と、上司からの指摘との間で、板挟みになることも多いものです。

　最初は、所管課の言い分のみを正しいものと鵜呑みにしたまま精査せずに上司に説明し、コテンパンにされることもあるでしょう。また、予算査定期間の気が遠くなるような作業量の多さや、求められる質とスピード感に、諦めたくなることもあると思います。

　ただ、皆さんの周りにいる先輩も、そのような経験をしています。目の前の仕事に地道に取り組んだ結果、今がある先輩も多いはずです。**あなただけではありません**。予算査定期間は、ベテランでもスマートに乗り切れないこともあります。二度手間にならないよう、先輩に作業の目的や方法を確認しながら、**粘り強く目の前の仕事に向き合いましょう**。粘り強さは、財政課担当に必要不可欠なスキルの一つです。

## ▶コミュニケーション能力

　財政課に長年在籍してよく感じることは、とにかく所管課に相談される機会が多いということです。相談内容を整理し、財政課担当としての

考えを付して上司に説明し、指摘や指導を受けたら所管課にフィードバックしつつ、時には所管課と共に考えることもあります。

これを踏まえると、財政課担当にとって、月並みではありますが、やはり**コミュニケーション能力は重要なスキル**の一つと言えるでしょう。

私は福祉部門出身だったからか、良くも悪くも「人たらし」とよく言われましたが、**所管課の話は腰を折らずに傾聴**すること、上っ面だけでなく**本気で共に考える**こと、の2点は特に意識していました。

コミュニケーションに自信がない人は、まず所管課の話を傾聴し、上司への説明のために論点を整理する癖をつけることから始めましょう。

## ▶何はともあれ体調管理

査定期間は、平日は夜遅くまで、土日出勤は当たり前という、庁内でもハイレベルの激務期間です。

この長期間の激務を乗り切るためには、何よりも心身を壊さずに、**日々出勤するための体調管理も欠かせないスキルの一つ**と言えるでしょう。『査定期間の勤務は22時まで、1週間のうち必ず1日は休む』など、ルールを作る自治体もありますが、実際はルール通りにいかないものです。

高い集中力を維持するためには心身の休養が大切ですが、特に財政課の1年目は「自分でやらなければ」と自分を追い込んでしまうことがあります。**作業の見通しがぼんやりしてきたり、心身が辛くなってきたりした場合は、必ず身近な先輩や係長に相談しましょう。**

自分が体を壊したら、所管課や他の財政課職員にも迷惑がかかります。**心身を休ませる勇気が必要な時もある**ことを覚えておきましょう。

## ┃Point ┣━━━━━━━━━━━━━━━━━━━━━━━━●

査定期間は体調管理も立派なスキル。心身の健康が、折れない粘り強さや丁寧なコミュニケーションにもつながると心掛けよう。

## Q4 査定担当者に必要な知識とは？

**A** 事業の根拠や位置付けを把握することが基本中の基本です。その際に必要な、法令の体系や自治体の計画等を確認しておきましょう。

### ▶法令の体系

地方自治体が実施する事業には、国の法律から市の要綱まで、何らかの根拠があります。予算査定では、「そもそもこの事業の実施は自治体の義務なのか、任意なのか」などの議論になることが多いので、法令の体系は理解しておく必要があります。

| 区分 | 説明 |
|------|------|
| 法律 | 国会の議決により制定される。<br>「義務」や「努力義務」かなどが記載されており、査定では、法律の規定ぶりが論点になる場合がある。 |
| 政令<br>省令 | 政令は政府が制定し、省令は各省庁の大臣が制定する命令。<br>上位法令の委任を受け補足をしている。査定に関係することもあるので、記載内容の大枠は押さえておく。 |
| 要綱等 | 国が法律に基づく事業の運用面を具体的に定めたり、国の負担金や補助金の交付に関する詳細を定めたりするほか、単独で事業の実施を規定するなど、様々な形態がある。<br>自治体単独で事業を実施する場合に定めることもある。<br>査定では必ず入手し、要求内容と突合するようにする。 |

### ▶計画の体系

地方自治体は、行き当たりばったりで事業を進めているわけではあり

ません。長期的な方針や中期的な実施計画を策定し、これに基づき新規事業を立ち上げ、既存事業の拡充などを図っています。計画に位置付けられた事業とそうでない事業とでは、予算計上の優先度が変わります。

●計画の体系の例

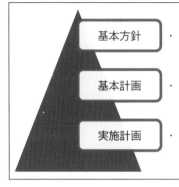

基本方針　・・・自治体運営の指針として、都市づくりの基本理念や基本目標、望ましい都市の姿を示すもの。

基本計画　・・・計画期間は10年で、基本方針で定める基本目標等を実現するため、まちづくりや今後の施策展開の方向性を示すもの。

実施計画　・・・計画期間は3年で、基本計画に基づく具体的な事業を示すもの。事前に目を通し、査定では、改めて必要性を精査する必要がある。

## ▶財政健全化に関するプランや方針

　自治体によっては、**財政状況を健全化させるためのプランを策定しているところもある**でしょう。私の自治体もかつて、過去の地方債の償還がピークを迎える中で、景気の急激な悪化に伴う住民税収入の大幅な減少などが重なり、財政運営は危機的な状況にありました。その状況に対し、全庁を挙げて財政健全化プランに則り、歳入確保と歳出削減を行っていました。具体的には、住民税等の徴収率の向上をはじめとして、既存料金の住民負担の適正化やネーミングライツによる歳入確保、人件費の削減、単独扶助費や補助金の見直しなど、様々な方策を謳っています。

　予算査定では、これらに関連する要求もあがってきますので、**財政課担当にとって、プランの内容理解は必須**でしょう。

### Point

法令も計画も、所管課の話だけではなく、自分で規定ぶりなどを確認する癖をつけておこう。読み慣れておくことも大切。

## Q5 ずれた査定をしないために必要な情報は？

**A** 編成方針の理解が必須です。さらに過去の経緯は上司や所管課も把握できてないことがあるので注意が必要です。国の動向にもアンテナを張りましょう。

## ▶予算編成方針を理解する

予算編成方針は、予算編成における基本的な考え方を首長などが各局長に示すもので、自治体のホームページでも広く公開されています。

ピントのずれた査定にならないためにも、これに目を通しておかなければなりません。例えば、防災・減災対策や感染症対策など、来年度予算編成にあたって重点的に予算を配分するトレンドが記載されています。この情報から、査定の際に、単に削るのではなく、予算化のために所管課と協力するなど、適切な査定の意識を持つポイントにもなります。

### ●予算編成方針の構成例

```
1  自治体の財政現状と来年度の財政見通し
  (1) 自治体を取り巻く財政の現状       (4) 来年度の住民税などの収入見通し
  (2) 自治体として必要な取組み         (5) 財政需要を踏まえた収支状況の見込み
  (3) 直近決算の状況と財政運営上の課題
2  予算編成における基本方針
  (1) 重点的に予算配分する分野・項目   (3) 財政健全化と行政改革の推進
  (2) 事務事業の整理合理化と効率的な行  (4) 重点施策の推進
    財政運営                          (5) 予算要求にあたっての基準
3  国の予算の動向と地方財政
 (1) 国の予算編成、地方財政対策への適切 (2) 情報収集と状況の変化への対応
    な対応
```

## ▶過去の経緯を押さえる

　所管課にも人事異動があり、実務は引き継がれていても、予算査定での首長コメントや、財政部門から伝えた課題などが、後任の担当者に引き継がれないこともあります。しかし、過去の経緯をしっかり理解せずに予算査定に突入すると、過去の首長指示をクリアできていない要求を予算化してしまったり、数年前の査定と矛盾するような査定となってしまったり、議論の連続性を欠いてしまう可能性があるのです。

　過去の経緯は、財政課担当が作成した過去3年分程度の査定資料を年度当初に目を通したり、予算ヒアリングの場を通じて過去の査定理由や課題などを所管課と共有したりして知ることができます。

　**過去の議論や経緯を整理して上司に説明することも担当の仕事**です。


## ▶国の動向にアンテナを張る

　国では、毎年8月末頃に各省庁の概算要求（各省庁が財務省に来年度予算の見積資料を提出すること）が公表されます。財政課担当としては、担当部局に関連する概算要求にアンテナを張りましょう。例えば、国が新たに各市町村に○○センターを整備する予算を概算要求に計上し、所管課からこれに呼応する要求があった場合、**上司にも国の動向を伝えなければ、誤った判断につながる可能性**もあります。

　また、自治体が行っている既存の単独事業に新たに国庫補助金を充当できる場合もあるため、**財政課担当は、歳入確保の視点でも概算要求をチェック**する必要があります。

**┃Point ┠**━━━━━━━━━━━━━━━━━━━━━━━━━━●

財政課担当は、上司や首長が正しい判断をするための補助役。特に過去の経緯は所管課も忘れがち。漏れなく把握しておこう。

## Q6 余裕を持てる スケジュール管理のコツは？

**A** まずは全体のスケジュールを把握しましょう。それぞれのイベントごとに「何をすればゴールなのか」をあらかじめ理解することが大切です。

### ▶まずは全体スケジュールを押さえる

　まずは全体的な編成スケジュールを知り、次に財政課内の査定スケジュールを詳しく把握しておきましょう。**査定期間は組織のスケジュールが最優先で、マイペースに作業できる時間的ゆとりはありません。**

●全体的な編成スケジュールの例（一部）

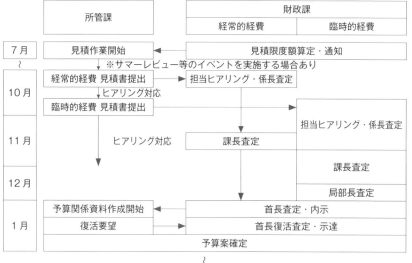

## ▶何がゴールなのかを理解する

担当自身がスケジュールを立てる際のコツは、以下の３点と言えます。

①　どんな作業をすればゴールなのかをあらかじめ明確に理解する

②　ゴールまでの作業を細分化し各作業を具体的にイメージしておく

③　上記を踏まえ、組織に迷惑をかけない程度で日程に余裕を持つ

財政課担当の査定期間の辛さは、高いレベルが求められる作業の量と質を限られた時間で効率的にこなす難しさに集約されます。

効率的で無駄なく作業するためには、**作業のゴールの姿をできるだけ具体的に知っておく必要がある**わけです（詳細は３章以降で紹介します）。

最初はうまく効率的なスケジュールを立てられないかもしれません。ただ、常に最短距離でのゴールにトライしていれば徐々にできるようになります。


## ▶そうは言っても財政課担当に余裕はない

準備万端で臨んでも、査定スケジュールが遅れてくると焦りを感じ、プレッシャーに押し潰されそうになることもあるかもしれません。

予算査定は市の財政運営の根幹を担うものであり、庁内の業務の中でも唯一無二の仕事です。初めて立てるスケジュール通りにうまくいくほど簡単なものではありません。

二枚舌ではありますが、**余裕がないことをあらかじめ覚悟しておくこと**も、予算査定を柔軟にこなすメンタルを整える手法の一つです。

**┃Point ┣**

ゴールが分からないままの作業は迷走しやすい。ゴールを知り、あとはそれに向かって地道に進もう。焦らなければ余裕が生まれることもある。

# 査定が「分かる」のに「できない」のはなぜ？

**A** 財政課担当は、「分かる」というインプットだけでなくアウトプットも求められます。「できる」人ほど、アウトプット型の仕事術を取り入れています。

## ▶「分かる」とはインプットができること

所管課の相談を受け、上司にレクをした際に「あれ？　何かうまくいってない？　何かおかしい……」と、つまずくことがありませんか？

自分としては、所管課の話を丁寧に聞き取り、複雑な制度も理解して説明したつもりなのに、何故か上司の表情は曇っていたり……。

もしかしたら、その時のあなたは、所管課の要求のみを説明する**単なる「メッセンジャー」**に留まっているのかもしれません。

予算査定では、まず所管課の要求を思い込みなくしっかり聞き取り、深く理解してインプットすることが必須です。この**インプットまでが「分かる」状態**であると考えられます。この状態に至るまでにも理解力は必要ですが、ここで留まっていては、上司は納得してくれません。

## ▶「できる」とはアウトプットができること

それでは財政課担当には、インプットして「分かる」以上に何が求められるのでしょうか。それは、次の3点に集約されるでしょう。

① 所管課の要求を、ポイントを絞って簡潔明瞭に説明すること

② 担当としての考えを整理（査定）し、説明すること

③　これらを漏れなく流れ良くコンパクトに資料に落とし込むこと

　これらの作業は、インプットに対してアウトプットと言えますが、頭では分かっていても、経験が浅いうちはなかなかうまくいきません。

　ただ、財政課担当に特に求められるのは査定・説明の**アウトプット力**であり、このレベルまで至って初めて「**できる**」**状態**になります。

　やってみると分かりますが、資料作成や説明は最初は本当に難しいです。ただこれが**財政課担当の仕事の屋台骨であり、真骨頂**なのです。

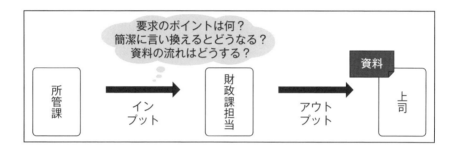

## ▶「できる」ようになるためには

　では、「できる」ようになるためには、どうしたら良いでしょうか。

　結論から言うと、**日頃からアウトプットを意識してインプットすること**、また、それを繰り返すこと、となります。ヒアリングの際にも「要求のポイントは？」などと考えながら情報を集めましょう。

　ただこれは、質の高いインプットができることが前提です。**インプットに自信がない場合は、まずはそこから鍛える**しかありません。このような意識は、財政課に限らず庁内の様々な場面で活用できるはずです。

**｜Point ｜**━━━━━━━━━━━━━━━━━━━━━━━━━━●
財政課内では、ポイントを絞った簡潔明瞭なアウトプットが求められる。
アウトプットを意識したインプットに挑戦してみよう。

# 同じ釜の飯を食うということ

**COLUMN 1**

## 「食べること」と「眠ること」

　慣れない編成作業に焦りやストレスが溜まりますが、忘れてはいけないのは「食べること」と「眠ること」です。

　私もかつて残業が必要になると担当者の皆で建物地下のコンビニに夜食を買いに行き、ヒアリング室で食べながら進捗を伝え合ったり、うまくいかないことを愚痴り合ったりしていました。たまに同じ班の皆で一緒にカレーの出前を頼むのも、長い査定ライフの楽しみのひとつでした。

## 食べながらの情報収集で一石三鳥

　皆とご飯を食べながら、査定で悩んでいることを話してみると「似たような事業が〇〇課にあるよ」「その事業はこういう経緯があって予算化しているから△△の実績を確認した方がいいよ」など、先輩たちから様々な有益な情報を手に入れることができます。

　実は財政課内での情報交換はとても大切です。ちょっとした会話から査定の突破口が見つけられるかもしれません。食事をしながら情報収集できれば、エネルギーの補給と気分転換もでき、一石三鳥ですね。

## 眠ることでひらめくこともある

　せっかく先輩から有益な情報を得られたり、所管課からオーダー資料が届いたりしても、睡眠不足の頭ではなかなか考えがまとまりません。でも、家で十分な睡眠をとってから、翌朝同じ資料を読んでみると「ああ、なんだ。そういうことか」など、内容をスッと理解でき、資料の流れや査定理由がひらめくこともあります。

　是非、仕事が忙しいときこそ、自分の体を労わってあげてください。

## 第2章

# 効率的に正しく行う
# ヒアリングのコツ

# ヒアリングの基本
## 〜的確な査定につなげるために〜

### ▶ヒアリングでは何をする？　目的は？

　ヒアリングと言われても、最初は何をすれば良いのか、具体的なイメージが湧かないのではないでしょうか。

　ヒアリングで必ずやらなければならないことは、**所管課の要求の考え方や積算根拠などを、所管課と財政課担当の間で共通認識を図ること、答え合わせをすること**、と言えます。

　ヒアリング前に提出される見積資料でも、ある程度要求の趣旨や積算根拠は理解できますが、それだけでは財政課担当の思い込みや知ったつもりとなる可能性があり、予算査定上は極めて危険です。

　共通認識を図ることで、**要求の考え方などを正確に上司に説明でき、的確な査定につなげる**ことができます。これがヒアリングの目的です。

　共通認識が不十分な場合、最後の最後で所管課から「そういう趣旨ではなかったはず」と指摘されボタンの掛け違いが生じることがあり、時には議会説明での食い違いにつながることもあるので要注意です。

　ヒアリングの場でこそ得られる情報には、次のようなものもあります。


・要求の背景に隠れた本音と建前、「大人の事情」の有無

・所管課担当の要求に対する情熱の有無

・査定の方向性をにおわせた場合の所管課の反応　　　等

## ▶アウトプットをイメージする

　1章でも述べましたが、ヒアリングを踏まえて要求や査定の考え方を資料に落とし込み、上司に「説明する」までが一連の流れになります。

　ヒアリングは主にインプットですが、例えば、次のように、**アウトプットを具体的に考えながらヒアリングすることにより、効率的な査定作業につなげることができる**でしょう。

・査定資料の流れを考えたときに不足する情報はないか
・簡潔明瞭な言葉に置き換えた場合にこの言い方で誤認はないか
・このような査定の考え方の場合、所管課として支障があるか　　　等

　特に初めてのヒアリングでは、ゴールを捉えずに気になることをとにかく聞いてしまう傾向があります。こうなると余計な時間がかかるだけでなく、ゴールから遠ざかるなど迷走しかねません。

　だからこそ、経験が浅いうちからアウトプットを意識したインプットに挑戦してほしいのです。意識をするのとしないのとでは、スキルアップのスピードが格段に違うはずです。


## ▶事前準備に全力を注ぐ

　**査定期間には終わりがあります。**「もっと時間があればできるのに……」と思うこともあるでしょう。でも締切は待ってくれません。

　限られた時間の中で膨大な作業をこなすには、なるべく手戻りなく効率的にヒアリングと査定を進める必要があるため、とにかく**事前準備に全力を注ぐことが重要**です。

　焦ってほとんど準備せずにヒアリングに突入すると、手戻りや二度手間になる場合が多々あり、負のスパイラルになりかねません。

具体的な事前準備の内容は後述しますが、次のような作業になります。

● 「経常的経費」での事前準備

前年度予算比、前々年度決算比で乖離が生じている事業をチェックし、見積資料から乖離理由が読み取れるかを確認する。読み取れない場合は合理的な乖離理由を確実に聞き取ることをメモ書きしておく。　等

● 「臨時的経費」での事前準備

ヒアリングの基本的な項目が見積資料に網羅されているかをチェックするとともに、できるだけ査定資料の作成（アウトプット）をイメージして不足する情報を特定しておく。　等

## ▶事前準備でヒアリングを意義ある時間にする

査定期間を手戻りなく効率的に乗り切るためには事前準備が何よりも大切ですが、事前準備を丁寧に行うことは、ほかにも意味があります。

ヒアリングは、要求の考え方などを所管課と共通認識を図る場ですが、事前に聴取内容を所管課に提示し、ヒアリングの場で共有することで、**要求内容に関して所管課と議論を深めることができる**場合もあるのです。

例えば、「要求の考え方をこのように変えると説明がしやすいのでは？」「このようなスキームにすると他の事業とのバランスがとれるのでは？」など提案をしつつ、**お互い協力して制度設計につながる**こともあります。

最初はそこまでは難しいかもしれませんが、皆さんの所管課での経験が生きることもあるのです。ヒアリングをお互いにとって意義ある時間とするためにも、事前準備はマストです。

## ▶礼儀を尽くす

　1章でも述べた通り、とかく**財政課担当は、所管課からは高い所にいる人間に見られがち**です。だからこそ、社会人としては当たり前ですが、**ヒアリングの前には立ち上がって目線を合わせて挨拶することから始めることが大切**だと、私自身も上司から口酸っぱく言われたものです。「礼儀なくしてはヒアリングに非ず」です。疲労が蓄積してきても、辛い時こそ礼儀を忘れずに真摯に対応することで、所管課との協力体制の構築にもつながるはずです。

　一方で、「憎き財政課」と言わんばかりの敵対的・高圧的な所管課職員もいますが、礼儀は尽くした上で、怯まず冷静に対応しましょう。


## ▶所管課は忙しい

　予算査定期間の財政課の激務は庁内でも認知されていると思いますが、福祉部門や教育委員会など、通年で多忙な部署もあります。

　財政課担当にとってヒアリングは最重要であっても、**所管課にとっては片手間での対応にならざるを得ない場合もある**のが現実で、予算確保のために準備したくても、その時間を十分にとれないこともあります。

　財政課担当は、所管課の実情にも配慮して、**通常業務の忙しい合間を縫ってヒアリングに協力してもらっているという視点**を持ちましょう。

　ヒアリング時には所管課担当にしっかり御礼を伝えたり、資料オーダー時には「可能な範囲で構わないので○日までに提出を」と負担を軽くするなど、細かいことですが相手の立場に配慮することが大切です。

　所管課職員は、財政課担当のことを本当によく見ています。**謙虚な姿勢の積み重ねから信頼関係が生まれ、自分が苦しい時にも嫌な顔をせずに協力してくれる関係が構築される**はずです。

# Q8 ヒアリング日程は どう組めば良い？

**A** 日程は、焦らず無理せず組みましょう。詰め込みすぎると集計や査定作業が追いつかなくなり、自分の首を締めることになります。1週間に1日は休みを入れることも大切です。

## ▶ヒアリング日程の組み方

　ヒアリング期間は、長期間に渡る査定ライフの前半を占める重要な期間であり、日程の組み方は極めて大切といえるでしょう。**無理な日程を組むと自分の首を絞めることにもなりかねません。**

　既存事業は「経常的経費」として、新規・拡充事業などの政策的経費は「臨時的経費」として扱うなどの見積もりのルールがあり、事業ごとにヒアリングの内容もかかる時間も異なります。これらを踏まえ、詰め込みすぎずに少しゆとりのある日程を、財政課担当と所管課の間で調整してスケジュールを組まなければなりません。

　日程を組むにあたって、経常・臨時に共通する基本的な留意事項を右頁にご紹介します。周囲の先輩からのアドバイスも参考にしましょう。

●全体的なヒアリング・査定の日程例（著者の自治体をもとに作成）

| | | 経常的経費 | 臨時的経費 | 12月補正（要求があれば） |
|---|---|---|---|---|
| 10月 | 上旬 | ヒアリング<br>担当・係長査定 | | ヒアリング<br>担当・係長査定<br>課長・局部長査定 |
| | 中旬 | | | |
| | 下旬 | | | |
| | 上旬 | 課長査定 | ヒアリング<br>担当・係長査定<br>課長査定は随時 | 首長査定 |
| 11月 | 中旬 | | | |
| | 下旬 | | | |

## ●ヒアリング日程の調整にあたっての留意事項

| | 留意事項 | 理由・補足 |
|---|---|---|
| 1 | 課・局のスケジュールが最優先であること | 上司が全庁の状況を把握するため、見積額・査定額の集計指示がある。集計作業は他の作業よりも優先する。 |
| 2 | 12月補正への対応を無理なく盛り込むこと | 12月補正への対応がある人は、当初予算と並行しての作業となるため要注意。12月補正の上司・首長査定のスケジュールを把握し、優先的にさばく。 |
| 3 | できるだけ予算的に軽めの課からヒアリングをお願いすること | 特に1年目は、練習という意味でも、予算的に軽めの部署からヒアリングを行う日程を組むと良い。最初に重い部署からヒアリングを行ってさばき切れない場合、以降の作業がスムーズにいかずに非効率になる。 |
| 4 | 焦ってヒアリングを詰め込みすぎないこと | ヒアリング→査定→資料作成、が基本的な作業の流れだが、ヒアリングを詰め込みすぎて査定作業が追い付かなくなると、延々と巻き返すことができない。臨時的経費はもちろん、経常的経費でも平日に最低1日はあらかじめ作業日を組む。 |
| 5 | 1週間に1日は休みをいれること | 査定期間は体調管理が最重要課題。日程上は、土日も含め、必ず1週間に1日は休みをいれる（あくまでも日程上の話だが、できるだけ意識的に休みを取る）。 |
| 6 | 予算査定開始前に1日は休暇をとること | 自治体によるが、予算査定期間は10月から概ね4か月間と長期戦になり、有給休暇の取得は難しくなる。査定期間前に少なくとも1日は有給休暇を取得し、心身をリフレッシュする。家庭がある場合は尚更。 |
| 7 | ヒアリング日程のやむを得ない変更があることを所管課にあらかじめ伝達すること | 想像どおりに作業が進まない、12月補正に手こずる、という事態はよくあること。問題は、その後のヒアリングを予定通りに行うことで所管課・財政課お互いにとって非効率になること。その場合は、やむを得ない変更も仕方ない。所管課にもあらかじめ伝えておく。 |

## | Point |

「事前準備→ヒアリング→査定→資料作成」の流れを繰り返せるような日程を組もう。組織のスケジュールも念頭に。

## Q9 経常的経費の ヒアリングでは何を聞く?

**A** 基本的には決算ベースの査定となるため、金額や数量の実績を聞きましょう。臨時的経費と比べれば負担が軽くウォーミングアップ的に行えますが、気は抜けません。

## ▶経常的経費のヒアリングでも臨時的経費にも備えて

経常的経費の査定は、基本的には決算額ベースの査定です。これは、**その金額であれば執行ができるという考え方**によるものです。なお、特殊な事情があるものや、経常で見積もられた新たな非政策的な経費などは、個別に緊急性や必要性、事業費の規模等を精査する必要があり、気は抜けません。

●主なヒアリング内容

① 事業概要(根拠や目的等基本事項を押さえ、**臨時的経費にも備える**)

② 事業実績の推移や効果 (実績は金額に紐づく件数等も把握)

③ 見積額の積算根拠とその考え方

④ 前年予算額との増減理由、**前々年決算額と見積額との乖離理由**

●事前準備

ヒアリングの場での宿題を減らすため、予め「ヒアリング内容」をメールや文書で各所管課に伝達し、ヒアリング時での回答を、**できるだけ資料で提出するようお願いしましょう**。所管課で作成している議会資料で事足りる場合も多いはず。正確な情報共有と時間短縮につながります。

また、財政課担当も事前に過去3年程度の決算額を調べて見積資料に転記し、ヒアリングの場で所管課と数字合わせができるとベストです。

●経常的経費のヒアリング日程の例　　※平日の作業コマに網掛けをしています

| | 10/1 | 10/2 | 10/3 | 10/4 | 10/5 | 10/6 | 10/7 |
| --- | --- | --- | --- | --- | --- | --- | --- |
| | 月 | 火 | 水 | 木 | 金 | 土 | 日 |
| AM | 所管課へオーダー | 有給休暇 | | | | 集計作業 | |
| PM | | 有給休暇 | | | | 集計作業 | |
| 夜備考 | | | | | 経常見積提出締切 | | |
| | 10/8 | 10/9 | 10/10 | 10/11 | 10/12 | 10/13 | 10/14 |
| | 月 | 火 | 水 | 木 | 金 | 土 | 日 |
| AM | 作業コマ | ○○課 | 作業コマ | ○○課 | △△課 | 作業コマ | |
| PM | 作業コマ | ○○課 | 作業コマ | ○○課 | △△課 | 作業コマ | |
| 夜備考 | 経常見積集計締切 | 作業コマ | 作業コマ | 作業コマ | 12月補正見積提出 | | |
| | 10/15 | 10/16 | 10/17 | 10/18 | 10/19 | 10/20 | 10/21 |
| | 月 | 火 | 水 | 木 | 金 | 土 | 日 |
| AM | 12月補正ヒアリング | △△課 | 作業コマ | 作業コマ | ◇◇課 | 作業コマ | |
| PM | 12月補正査定作業 | △△課 | 12月補正係長査定 | △△課 | ◇◇課 | 作業コマ | |
| 夜備考 | 経常係長査定 | 作業コマ | 作業コマ | 作業コマ | 経常係長査定 | | |
| | 10/22 | 10/23 | 10/24 | 10/25 | 10/26 | 10/27 | 10/28 |
| | 月 | 火 | 水 | 木 | 金 | 土 | 日 |
| AM | ●●課 | ●●課 | 作業コマ | ■■課 | ■■課 | 作業コマ | |
| PM | 12月補正課長査定 | ●●課 | 経常係長査定 | ■■課 | ■■課 | 作業コマ | |
| 夜備考 | 作業コマ | 作業コマ | 作業コマ | 作業コマ | 作業コマ | | |

※この例では、当初予算の経常は、係長査定は随時、課長査定は示された期間の中でコマをもらって担当部分を一括して説明するスタイルです。補正予算は、係長査定は随時、課長・局部長査定の日程はあらかじめ決められており、担当が説明します。

## Q10 臨時的経費の ヒアリングでは何を聞く?

**A** ウォーミングアップの経常的経費に対して、臨時的経費のヒアリングはまさに査定の「本番」です。あらゆる視点から「なぜ?」を尋ね、疑問点を解消する作業になります。

## ▶臨時的経費がヒアリングの本番

　緊急性や必要性などのそもそも論を踏まえ実施の是非を検証し、事業規模の妥当性、実施方法やスケジュール等を踏まえ要求額を精査します。

　内容によって、論点整理や査定に相当の時間がかかる場合もあります。

●ヒアリング内容

　査定には、なぜ予算要求に至ったのか、事業内容や効果をどのように見込んでいるかなど、あらゆる視点から「なぜ?」や「どの程度」といった疑問を解消する必要があります。

●事前準備

　所管課から提出される**見積資料は、ヒアリング前に目を通しましょう**。その上で、事業ごとに不足する情報を予め所管課にオーダー表（p.45）として伝達し、ヒアリング時に資料としての持参を依頼します。この際、**査定の方向性と査定資料の流れをイメージしながら最低限のオーダー表を作成すると効率的です。臨時はアウトプットのイメージが重要です。**

　なお、ヒアリングの場で見積資料が初見となる場合、チェックリスト（p.44）を確認しながら進めると良いでしょう。慣れないうちに丸腰で臨むと、聞き漏れや長時間化につながり、お互いにデメリットが多くなります。

●臨時的経費のヒアリング日程の例　　※平日の作業コマに網掛けをしています

| | 10/29 | 10/30 | 10/31 | 11/1 | 11/2 | 11/3 | 11/4 |
|---|---|---|---|---|---|---|---|
| | 月 | 火 | 水 | 木 | 金 | 土 | 日 |
| AM | 作業コマ | 作業コマ | 12月補正<br>局部長査定 | 集計作業 | 見積読込 | 見積読込 | |
| PM | 経常<br>係長査定 | 経常<br>係長査定 | | 集計作業 | 見積読込 | オーダー表<br>作成・展開 | |
| 夜<br>備考 | | | 臨時見積<br>提出締切 | ➡臨時<br>スタート | 臨時見積<br>集計締切 | | |
| | 11/5 | 11/6 | 11/7 | 11/8 | 11/9 | 11/10 | 11/11 |
| | 月 | 火 | 水 | 木 | 金 | 土 | 日 |
| AM | 12月補正<br>首長査定 | ○○課 | 経常<br>課長査定 | ●●課 | △△課 | 作業コマ | |
| PM | 作業コマ | ○○課 | 作業コマ | ◆◆課 | △△課 | 作業コマ | |
| 夜<br>備考 | 作業コマ | 作業コマ | 作業コマ | 臨時<br>係長査定 | 作業コマ | | |
| | 11/12 | 11/13 | 11/14 | 11/15 | 11/16 | 11/17 | 11/18 |
| | 月 | 火 | 水 | 木 | 金 | 土 | 日 |
| AM | ◇◇課 | 臨時<br>課長査定 | △△課 | 作業コマ | ◇◇課 | 作業コマ | |
| PM | ◇◇課 | 作業コマ | △△課 | 臨時<br>係長査定 | ◇◇課 | 作業コマ | |
| 夜<br>備考 | 臨時<br>係長査定 | 作業コマ | 作業コマ | 作業コマ | 作業コマ | | |
| | 11/19 | 11/20 | 11/21 | 11/22 | 11/23 | 11/24 | 11/25 |
| | 月 | 火 | 水 | 木 | 金 | 土 | 日 |
| AM | ◇◇課 | 作業コマ | △△課 | 作業コマ | ◇◇課 | 作業コマ | |
| PM | 臨時<br>課長査定 | 作業コマ | △△課 | 作業コマ | ◇◇課 | 作業コマ | |
| 夜<br>備考 | 作業コマ | 作業コマ | 作業コマ | 作業コマ | 作業コマ | | |

※この例では、当初予算の臨時は、係長査定は随時、課長査定は示された期間の中でコマをいくつ
かもらって担当部分のうち整理できたものから説明し、最終的に担当部分を全て説明するスタイル
です。

## ●臨時的経費のヒアリング内容の例（チェックリスト）
※主な項目を記載しています。要求の内容によっては不要な項目もあります。

①目的・必要性
　□何を目的としてその事業を実施するのか？　なぜ実施するのか？
　□なぜその事業が必要なのか？　経緯や現状、問題点やそれに対する課題
　　は？（数字で示す）
②緊急性
　□その事業はなぜ来年度に実施する必要があるのか？　期限があるのか？
　□査定で先送りにした場合に、自治体としてどのような支障が生じるのか？
③事業内容
　□ 5W1H は？（いつ、どこで、誰が、何を、なぜ、どのように）
④実施方法の妥当性
　□直営と委託、民間補助などの経費比較はしたのか？（最少の経費で最大の
　　効果が得られるか）
⑤経費の妥当性
　□過度な見積りになっていないか？　逆に見積り漏れがなく網羅されている
　　か？
　□次年度以降の財政負担は整理しているか？
⑥事業の効果
　□その事業を実施することで、自治体にとってどんなメリットがあるのか？
　□目的に対する効果はどのような指標で捉えるか？（指標がなければ評価が
　　困難になる）
⑦事業計画
　□どんなスケジュールで実施するのか？（スケジュールに無理があれば再検
　　討も促せる）
　□実施計画や所管課の個別計画との整合性はどうなっているか？
⑧財源の確保
　□活用できる国費・県費等があるか？　ある場合は、その確実性は？
　□受益者負担を求めることはできないか？　他の類似事業の状況は？
⑨他自治体の動向
　□類似団体の実施状況はあるか？　ある場合、事業内容、事業規模、効果等
　　は？
⑩類似事業の見直し・統合等
　□既存の類似事業の整理統合・廃止・発展的吸収などとセットにできないか？
⑪その事業に関する議会からの要望や答弁の状況はどうなっているか？
⑫ゼロ査定の場合、復活要望までして実施すべきとの意向があるか？
⑬予算編成要綱との関係はどうなっているか？

## ●臨時的経費の事前オーダー表（例）

　ヒアリングを効率的に進めるため、下記オーダー項目をヒアリング時に資料としてご持参ください（口頭ではなく、なるべく資料化してご持参ください）。ヒアリングを踏まえ、追加のオーダーもあり得ますので、ご了承ください。

| 事業名 | オーダー |
|---|---|
| スクールカウンセラーの増員 | ①スクールカウンセラーの役割、配置する目的を改めて教えてください。<br>②配置人数の考え方（現行体制と増員後の体制）<br>　…○校に１人など具体的に。また、なぜその考え方なのかも教えてください。<br>③過去５年のカウンセラーの人数等の推移<br>　…別シートの表の網掛けに数字を記載してください　`具体的な回答を誘導`<br>④現在の配置人数では不足していることが具体的に分かるもの<br>　…現に生じている支障、相談に対応できずに発生した事例、学校や保護者からの苦情、など内容や件数等も具体的に<br>⑤過去５年の本市、県、国の不登校率（不登校率の目標値などがあればそれも）<br>⑥国の来年度概算要求の状況（概算要求資料等）<br>⑦他類似団体の実施状況　`具体的な回答を誘導`<br>　…別シートの表の網掛けに数字等を記載してください<br>⑧議会からの要望や答弁の状況 |

オーダー③の表　　　　　　　　　　　　　　（単位：人、件、件／人、分／件）

| | | | H28 | H29 | H30 | H31 | R2 |
|---|---|---|---|---|---|---|---|
| 小学校 | カウンセラー人数 | A | | | | | |
| | 相談延件数 | B | | | | | |
| | １人あたり年間平均件数 | C＝B/A | | | | | |
| | １件あたり平均相談時間 | D | | | | | |
| 中学校 | カウンセラー人数 | E | | | | | |
| | 相談延件数 | F | | | | | |
| | １人あたり年間平均件数 | G＝F/E | | | | | |
| | １件あたり平均相談時間 | H | | | | | |

※平均相談時間はもし分かれば記載してください

オーダー⑦の表　　　　　　　　　　　　　　　　（単位：人、件、件／人）

| | | A市 | B市 | C市 | D市 |
|---|---|---|---|---|---|
| 小学校 | 児童数 | | | | |
| | 配置人数の考え方 | | | | |
| | カウンセラー人数 | | | | |
| | 相談延件数 | | | | |
| | １人あたり年間平均件数 | | | | |
| 中学校 | 生徒数 | | | | |
| | 配置人数の考え方 | | | | |
| | カウンセラー人数 | | | | |
| | 相談延件数 | | | | |
| | １人あたり年間平均件数 | | | | |
| 来年度予算要求の状況 | | | | | |

## ●オーダー表（p.45）の解説

前頁のオーダー表は「現行体制では相談件数の増に対応できないためスクールカウンセラーを増員したい」との予算要求です。査定や資料作成に必要な情報をイメージして、見積資料に未記載又は不十分な項目を捉えてオーダー表に落とし込み、ヒアリングの場で答えを回収します。

① 目的の共通認識を図るため、改めての投げかけです。

② 査定では、要求の考え方を把握することは必須です。一例ですが「1校に1人→2校に1人」と精査できる可能性も見据えています。

③ 現状とこれまでの推移を数字で客観的に捉えるためのオーダーです。増員要求なので、カウンセラーの負荷（表中C・G）が増加傾向になるはずです。表中D・Hは、相談内容の多様化・複雑化による相談時間の影響を捉えようとしています。

④ 所管課の訴える「対応できない」だけでは漠然としているため、できるだけ定量的に捉えるためのオーダーです。増員の必要性や、所管課の訴えを上司に正確に伝えるための情報収集です。

⑤ 効果指標の一つでもある不登校率の水準がどの程度なのかを捉えるためのオーダーです。不登校率が他自治体よりも高ければ増員の必要性は高いと言えますし、逆の場合もあり得ます。

⑥ 国の概算要求の考え方などを捉えるオーダーです。スクールカウンセラーには国庫補助があります。国が「○校に1人配置」という概算要求であれば、所管課の要求水準と比較できます。所管課の要求が国よりも上回っていれば、ヒアリングでその理由を聞き取ることをイメージしています。

⑦ 類似団体の状況と比較して精査できるものがないかを探るオーダーです。結果として、所管課の要求を後押しする場合もありますので、所管課に理解を得てからのオーダーでも可です。

⑧ 財政課担当は客観的なデータによる理論構築が最優先ですが、上司には伝えるべき情報です。

## ▶ヒアリングはゴールを意識して

経常的経費・臨時的経費ともに、財政課での査定の基本的な流れは【ヒアリング→担当査定→査定資料作成→上司への説明】であり、「**説明**」つまり「**アウトプット**」でゴールとなります。

事前準備を怠り、ゴールを意識せずにヒアリングに突入すると、査定や上司の判断に全く関係ないヒアリングに時間をかけてしまったり、いざ査定資料を作成する際に必要な情報が全然揃っていなかったり、ということにもなりかねません。これは相当な時間のロスになりますし、所管課の余計な負担となり迷惑をかけることになります。予算査定期間は、時間のロスが致命傷になりかねません。時間があれば遅れを取り戻すことができるかもしれませんが、時間には限りがあるのです。

また、臨時的経費の査定期間がスタートすると、周囲の先輩職員はヒアリングを始めているのに、自分はまだ見積資料の読込みをしている段階など、焦りを感じることもあるかと思います。

特に財政課1年目は、課のスケジュールを意識しつつも、**自分の作業を少し時間がかかってでも確実に前進させるため、事前準備に注力し、ゴールを意識したヒアリングにトライ**してほしいと思います。

なお、事前準備の段階でアウトプットのイメージがどうしてもわかない場合は、信頼できる先輩職員等に相談してヒントをもらいましょう。1年目は相談することも仕事です。

---

**▎Point ▎**━━━━━━━━━━━━━━━━━━━━━━━━━●

ヒアリングは決して焦って詰め込みすぎないこと。アウトプットをイメージしたオーダーと聞き取りを。週に1日は心身を休ませよう。

# ヒアリングで所管課の本音はどう引き出す？

A 所管課は査定を避けて本音を言わないこともあります。日頃からコミュニケーションを大切にしつつ、所管課から信頼されることが重要です。

## ▶所管課は聞かれなければ答えないことが多い

ヒアリングは、財政課担当が聞きたいことを聞き所管課担当が答える、という流れとなるため、**所管課は聞かれなければ言いたいことも言わない**、ということもあります。

これは、「余計なことを言ったら査定されるのでは？」と警戒されたり、「どうせ言っても予算がつかないから」と諦められたりするなど、財政課に対するマイナスイメージが強いからでしょう。所管課との信頼関係が構築できていない場合は、特にそのような心象が強く表れるものです。

担当レベルでの的確な査定案を作り上げるためにも、**所管課から本音を引き出すことが大切**であることを認識しましょう。

## ▶局経理と話しやすい関係を築く

皆さんは、所管局の経理係を通じた所管課とのやりとりが多くなります。また、財政課担当と所管課担当との間でいわゆる「通訳」を担ってくれるため、局経理は極めて重要なポジションです。**日頃からコミュニケーションを密にとり、話しやすい良好な関係を構築**しましょう。また、局経理に限らず、所管課でも予算業務に明るい職員がいれば、相談しや

すいキーパーソンとして前任から引き継いでおくことも重要です。

## ▶信頼関係の構築で本音を言いやすくする

　所管課職員は、**財政課担当が信頼できる人間でなければ本音も言いにくく、協力もしたくなくなる**ものです。しかし、財政課経験が浅いうちは、それほど人脈もなく知識も十分ではない中で、担当として査定案を考え続けなければならず、所管課の協力は必須です。

　所管課から信頼される財政課担当になるためには、月並みですが、**弛まぬ努力が必要**です。**一朝一夕では信頼関係は生まれません。**

　日頃から自ら学び、担当部局に関係する新聞記事などにもアンテナを張り所管課と共有し、所管課が困っていれば真摯に対応しましょう。

　**結局は人と人**です。気兼ねなく雑談できる関係がベストでしょう。

## ▶財政課担当の立場と考えを伝える

　「立場上、査定できるところは査定しなければなりません。ただ、自分は（予算を）守らなければならないところは守り通す立場でもあります。」これは私が担当時代にヒアリングで使ったフレーズです。所管課が本当に困ってしまう厳しい査定は避けたいものです。**財政課担当の立場を所管課にも伝える**ことで、信頼関係の構築につながるはずです。

　また、ヒアリングの場では、**できるだけ財政課担当としての査定の方向性や考え方を伝え**、所管課の反応や意見まで聞けると良いでしょう。思い込みや単なる主観による査定を避けることにもつながります。

**| Point |**───────────────────●

所管課から敵対視ではなく信頼される財政課担当を目指そう。自分の立場を理解してもらえるよう伝え、日頃のコミュニケーションを大切に。

## Q12 的確な査定のために必要な コミュニケーション方法は？

**A** 所管課の思いを汲もうとするヒアリングの姿勢が大切です。また、うまくいかなくても感情を抑えながら、聞き取りには具体性を求めましょう。

### ▶所管課の思いを捉えるために投げ掛けることも必要

「自分としては査定のためのヒアリングはしたつもりですが、それを踏まえて皆さんから言っておきたいことはありますか？」これは、私が担当時代に、実際に使っていたヒアリングの締めの言葉の一つです。

特に経常的経費では、ヒアリング時間が短くても例年の資料などから情報を得ることができるため、慣れてくると作業時間を確保しようと、査定のみを目的とした機械的なヒアリングになりがちです。ただ、所管課にとっては、予算が確保できるか分からない臨時的経費よりも、既存事業の確実な執行のための経常的経費が重要という意見も多いものです。

所管課は相手が財政課では言いにくいこともありますし、聞いてもらえずに納得がいかない査定になってしまうこともあります。**的確な査定につなげるためには、こちらから投げ掛けることも大切**です。

臨時的経費も同様です。住民により近い部署で働く所管課の思いを漏れなく捉えるよう**「聞かせてほしい」という姿勢**を心掛けましょう。

### ▶怒らずケンカせず

ヒアリングは、限られた時間で査定作業や資料作成に必要な情報を漏

れなく得られるよう、財政課担当が主導的にコーディネートできると無駄がありません。

とはいえ、**自分が聞きたいことをなかなかスムーズに引き出せず、所管課をうまくハンドリングできないことも多い**ものです。

ただ、意図を理解してもらえない、うまく誘導できないからといって、感情的になる、言い合いになる、などは避けなければなりません。

余裕がないときは、感情的にもなりやすいものですが、**所管課との予算と関係ない揉め事は住民のためにはなりません**。日を改めて（少し頭を冷やして）再度のヒアリングをお願いしたり、場合によっては係長に同席してもらったりするなど、粘り強く対応しましょう。

## ▶聞きとる情報は抽象的ではなく具体的に

予算査定は、抽象的な情報では判断できないことも多いため、ヒアリングでは具体的で定量的な情報を求める必要があります。

例えば「住民からこのような要望が多くある」という要求理由でも、具体的にどの程度の件数なのかを聞き取ると、決して「多い」とは言えない件数であったり、所管課が具体的に把握していなかったり、という展開になることもあります。

また、定性的な内容であっても、例えば「○○を図るため」など抽象的ではなく、できるだけ具体的に目的や効果を聞き取ることが大切です。その結果、財政課担当から具体的な効果指標を提示できるときもあります。

所管課職員にも、**定量的な数字の説明が、上司や議会、住民に対して、説得力がある**ものとなることを納得してもらいましょう。

**❙Point ❙**

ヒアリングはこちらからも投げ掛けて所管課の思いを捉えよう。イメージ通りにならないことも多いが、粘り強く対応し、具体性の追求を。

## Q13 欲しい情報が一発で手に入る資料依頼のポイントは？

**A** 「〇〇が分かる資料を」だけでは不十分なことも。なぜ、何が必要なのか、具体的に伝えましょう。ただし、所管課の作業負荷にも配慮を。

### ▶オーダーの目的を明確に伝える

　事前のオーダー表作成の段階では仕方がないにせよ、ヒアリング後に不足資料をお願いした場合でも、ピントがズレた資料が提出され、作業が思うように進まなくてがっかりすることはありませんか？

　これは、資料オーダーの「目的」を所管課に明確に伝えていないからかもしれません。**財政課では当たり前の査定のポイントでも、所管課にとっては当たり前ではないことが多々あります。**

「〇〇が本当に不足しているか、が論点になると考えている。申し訳ないが、このような追加資料の提出をお願いしたい」とオーダーの目的を明確に伝えることにより、資料のピントがズレることも減るはずです。

　査定を恐れて出し惜しみをする所管課職員もいますが、上司査定では、一度論点となったら逃がしてはくれませんし、そもそも予算は住民のためのものです。**査定までのストーリーを所管課と共有しつつ、査定資料を共に作り上げるヒアリングの場にできるとベストでしょう。**

### ▶抽象的ではなく具体的に回答できる工夫を施す

　資料オーダーの目的を伝えても、「〇〇の不足状況が分かるものを」

という言い方ではイメージ通りの資料が出てこないこともあります。

　査定資料を作成するのも、上司に説明するのも、財政課担当の皆さんです。資料オーダーは、抽象的ではなくできるだけ具体的にすることで、皆さんの査定資料の作成もスムーズになるはずです。

　「○○の不足状況が分かるものを」ではなく、p.45のオーダー表のように、**欲しい指標を項目として表にした上で「この表に数字を埋めてほしい」という具体的な依頼をすればイメージから外れません。**

　なお、経常的経費のヒアリングで事業実績や効果を聴取する際にも、所管課が既に保有する効果指標をあらかじめ把握する癖をつけておくと、臨時的経費の査定にムダなく生かせることもあります。

## ▶負荷がかかるオーダーは理解を得た上で

　時間が限られた予算査定期間では、過剰な資料オーダーは所管課の時間外勤務にもつながります。また、オーダーしたにもかかわらず、結果として査定とは無関係になってしまっては目も当てられません。

　特に手間がかかるオーダーの一つに、要求事業に関する他自治体の実施状況などの「調査」があります。短期間での調査は個別に電話をかけて聴取せざるを得ないからです。聴取内容が、実施の有無だけではなく実施理由や内容、実績や事業効果までに至る場合は尚更です。

　負荷がかかるオーダーは、所管課の理解を得た上で依頼したり、上司の査定で必要性を確認したうえでお願いすると良いでしょう。

　**所管課に余計な負荷をかけないことは、皆さんの作業を効率的に進めることにもつながります。**

**▌Point ▐**━━━━━━━━━━━━━━━━━━━━━━━━━●

財政課の査定の視点は、所管課に具体的に伝えることを心掛けよう。

財政課担当が少し手間をかけて工夫することでうまくいくこともある。

## Q14 よく聞き漏らしやすいことは？

**A** 完璧なヒアリングは難しいものです。「手段と目的の関係」など、一歩踏み込む必要があるものは、ベテランでも聞き漏らしやすい傾向にあります。

### ▶「手段」が「目的」になっていないか？

事業の予算化には「目的」をしっかり整理することが重要です。**目的は、税金を使って実施することの意義を表している**からです。

例えば「保育士不足の解消」を目的とした事業の要求があったとします。何となく整っているようですが、もう一歩踏み込んでみましょう。

これは「手段」が目的になっていませんか？　保育士不足の解消は「待機児童の解消」という目的達成のための手段となるはずです。

言葉遊びのようですが、上司・首長の誤解を防ぐためにも、**税金を使う意義として目的には拘り、所管課と共通認識**を図りましょう。

### ▶言葉を置き換えてニュアンスが変化していないか？

査定資料は簡潔明瞭さが求められるため、見積資料からキーワードを拾ったり、別の簡潔な言葉に置き換えたりする作業が必要になります。

この際、**置き換えた表現が所管課の要求の趣旨やニュアンスと一致しているか、所管課と丁寧に確認する作業が重要**です。

表現の置き換えによる過剰表現やニュアンスの変化に伴って、査定の論点が変わるような事態は避けなければなりません。

## ▶数字の条件設定は？

　予算は数字による査定が基本ですが、その**数字がどのような条件設定**となっているかを把握しなければ、**的確な査定**ができません。

　例えば、定員増のための施設改修補助の要求で「ニーズの見込みが現行定員を上回るために必要」となっている場合、一見すると妥当性がありそうですが、ニーズに含まれている対象者の条件が実態に即しているかどうかで判断が分かれます。私の場合、施設の需要人数を A ＋ B ＋ C で捉えなければならないところ、C を加え忘れた結果、現行の施設定員数で需要を満たすことができるために定員増は不要、という誤った判断に至ったことがあり（C を加えていれば現行定員では需要を満たせずに定員増が必要との判断になっていた）、本当に青ざめました。

　ベテランでも思い込みから聞き漏れとなり失敗することもあります。**数字の条件設定を丁寧に把握する癖**をつけておきましょう。


## ▶所管課長の意向も押さえる

　ヒアリングで聞き取りをしていると「本当にこれで良いのか？」「なんか危なっかしくないか？」などと感じることがありませんか？

　ヒアリングは担当レベル同士のやりとりが多いため、**担当の「個人的な意見」**と**「課としての意見」**が混在する場合があります。

　違和感を「まあいいか」で流しては後々危険です。**矛盾点や違和感がある時は、少なくとも所管課長も同じ考えかどうかを確認しましょう。**


**| Point |**

聞き漏れやすいことが査定のポイントにも。思い込みを排除し「念には念を」の意識を大切に。「危うさ」を感じたら所管課長まで確認を。

## Q15 首長オーダーにはどう対処する?

**A** トップダウンへの対応は、所管課に協力する姿勢が大切です。時には、所管局長まで巻き込んで確認が必要なこともあることを念頭に。

### ▶まずは冷静に話を聞く

見積提出締切後やヒアリングの最中に、首長から所管局長に対して「こんな事業を要求せよ」というオーダーがなされることはよくある話です。

首長指示のため、財政課としてもゼロ査定（要求を予算化しないこと）は困難ですが、急なオーダーの場合、**要求の考え方や理屈を詰め切れていない生煮えのままで追加の見積資料が提出される**こともあります。

財政課担当としては、そのような事業は理論構築の整理に時間がかかり、資料作成時間も短く、頭を悩ませることもあるでしょう。

ただ、所管課もどうすれば良いか分からず困っている場合もあります。財政課担当は、まずは冷静になって話を聞きましょう。所管課と一緒になって焦ってしまうと、基本的なことすらも見落としてしまうことがあります。焦っても良い方向にはなりにくいものです。

### ▶時には財政課担当が寄り添うことも必要

首長オーダーの事業は、必要性はもちろんあるわけですが、対外説明に耐え得る緊急性や理屈は、所管課が考えることになります。「首長に言われたのでやります」という説明では、住民も納得しないですよね。

ただ、このような**急なオーダーは、所管課単独ではうまくストーリー
を作れない場合**もあります。

財政課担当は、担当部局全体の予算を見ることができる立場です。所
管課担当が悩んでいたら、寄り添って共に考え、俯瞰的な視点から何か
伝えられないかを周囲の先輩と検討したり、局内他事業の説明手法を参
考に提案することができたりすることもあります。

時間がない中で、**ただ所管課の答えを待っているのではなく、時には
財政課担当から寄り添うことで、その後の流れが良くなることもありま
す**。これは、皆さん自身の作業が進むことにもつながるでしょう。


## ▶はしごを外されないように

生煮えの状態で提出された見積資料が、所管課の努力やヒアリングを
経て練り上げることができた場合でも、特に気をつけなければならない
ことがあります。

それは、**首長オーダーの意図を汲んだ要求になっているかどうかを、
必要に応じて所管局の局長に確認してもらうこと**です。

財政局として査定・調整した結果、首長査定で「んっ？　こういうつ
もりではなかったんだけれども……」という事態になってしまったら、
更に限られた時間で整理し直さなければならないことにもなりかねず、
それこそ目も当てられません。

くれぐれもはしごを外されないよう、**首長オーダーに対しては、念に
は念を入れるくらいの共通認識を図る心構えが必要**です。


**| Point |**━━━━━━━━━━━━━━━━━━━━━━━━━●

首長オーダーは、査定よりもストーリーの整理に手間がかかることも。
最後にはしごを外されないよう、所管課との共通認識は極力丁寧に。

## COLUMN 2

# 財政課担当の一言一句には重みがある
### （インタビュー：元所管課庶務経理担当者Aさん）

### 庶務経理担当者になったときのことを教えてください

　予算や決算に興味があったことと、どの部署に行っても役に立つ知識だと思ったので、庶務経理に立候補しました。

　財政課の担当者の方は、4月当初に挨拶に来てくれますが、財政課だから皆さん怖くて厳しいんだろうな、と思っていました（汗）。

### 庶務経理担当者としてどのようにヒアリングに臨みましたか？

　課の全ての予算要求のヒアリングに同席しましたが、課の先輩からは「聞かれた質問に答えればいい」と言われていたので、極力静かにしていました（笑）。

　けれど、財政課担当の方は「どうにかして予算をつけられないか」という姿勢で、自分達の仕事や考えに寄り添おうとしてくれました。

　そのような中でも、事業担当者が準備不足で積算根拠すら答えられなかった時は「分かりました。もうお帰りください。決算ベースで査定します」と、さすがに厳しく言われました。ヒアリングは、所管課と財政課が協力してより良い予算を作り上げる場なんだと痛感しました。

### 所管課から財政課担当にお願いしたいことはありますか？

　「財政課と所管課で対立するのはよくない」「所管課も熱意だけではダメ。理論的に説明できるようになろう」という言葉は今でも刺さっていて、仕事をする上で自分自身の糧になっています。

　財政課担当の一言一句は、特に所管課の若い職員にとっては重みがあることを知ってほしいな、と思います。

## 第3章

# 無駄やミスをなくす査定のコツ

# 査定のコツと心構え
## ～査定ライフを乗り切るために～

### ▶客観的かつ論理的が基本

ヒアリングを終えたら、いよいよ財政課担当の仕事の真骨頂である「査定」です。

財政課に配属されたばかりで、所管課でも予算にあまり関わる機会がなかった場合は「そもそも査定って何するの？」という方も多いのではないでしょうか。簡単に言うと、事業の必要性や緊急性を考慮し、実施の是非や事業費の規模を精査すること、となります。

また、財政課担当は上司や所管課に「自分がどうしてそのような査定をするのか」という査定の考え方を説明しなければなりません。それでは、どのような考え方を持っていれば、聞き手は納得できるでしょうか。

それは、「客観的」「論理的」「根拠のある予測」に基づく査定、と言えます。この考え方が基本であってマストです。反対に「主観的」「感情的」「根拠のない予想」では、皆さんが聞き手でも納得しませんよね。

### ▶査定の引出しを増やす

客観的かつ論理的な考え方を踏まえて「具体的にどのように査定をすれば良いか」ですが、残念ながら、こればかりは一朝一夕で身に付くものではありません。ただ、効率的に身に付けるための方法はあります。

まずは昨年の査定資料に目を通し、前任の査定の視点や手法に実際に触れることが手っ取り早いでしょう。所管課では色々と勝手が分かって

いたとしても、査定の実務は初心者ですから、**最初は前任のマネから始め、徐々に引出しを増やせば良いのです。**

**査定の引出しは、多ければ多いほど効率的に仕事を進めることができ**ますし、新たなひらめきにもつながります。

日頃から「査定の引出しを増やす」ようアンテナを張ると、上司の意見や先輩の言葉がその場面だけで終わらず、今後に生きてくるはずです。

## ▶理解なき査定は所管課のやる気を削ぐ

所管課で予算を要求したことがある方は、「ヒアリングもロクにされずに査定だけされた。財政課は何も分かってない」「このような査定は心外。意味が分からないし、理解できない」と言いたくなる経験はありませんでしたか？

特に経常的経費は、あまり事業内容をヒアリングしなくても、決算ベースでの数量査定や節・細節単位での枠査定によって、査定額を整えることができてしまいます。

しかしながら、事業を執行する所管課からすれば、**たいして話を聞かれずに査定だけされたときには、納得がいかないこともありますし、**場合によっては現実的に執行困難となることもあります。更に、所管課担当の事業に対するモチベーションが低下してしまっては、住民サービスの低下にもつながりかねず、本末転倒です。

財政課担当は、所管部局の予算を預かる立場です。**責任を持って話を聞き、事業や取組みの内容を重々理解した上で、的確な査定につなげま**しょう。

## ▶甘くしちゃいけない

皆さんが予算ヒアリングに臨むときには、所管課担当が仲の良い知り

合いということもあるでしょう。

そのような場合、皆さんも人間ですから、厳しく査定することに戸惑うこともあるかもしれませんが、知り合いだからといって、また、嫌われるかもしれないからといって、査定を甘くすることはできません。

このようなときでも、財政課担当は、**査定の目的である「最少の経費で最大の効果を」**を念頭に置き、財政課の考え方に理解が得られるよう、お互いの立場を尊重しつつ、懇切丁寧な説明に努めましょう。

財政課担当は、**相手が誰であっても、自治体運営の根幹を担う組織として、譲れないものがあることを「伝える」立場**でもあります。


## ▶自分なりの考え方を整理する

皆さんは、担当部局の予算を審査・査定し、執行管理まで任される重責を担うことから、担当レベルでも、それなりの自立が求められます。

あえて厳しく言うと、皆さんは、**個別の査定の手法をその都度上司に相談できるほど、ぬるい立場ではないと自覚してください。**

まずは自分自身で考え、過去の資料を参考にし、それでも答えに辿り着けずに悩むときは、遠慮なく周囲の先輩に相談しましょう。要求内容は、皆さんだけがヒアリングをしています。**あなたなりの査定の考え方をまとめあげ、あなたの言葉で説明する気概を持ってください。**

もし査定の考え方が間違っていたとしても、上司は必ずそれに気づき、指摘してくれます。でも、それでいいのです。そのようなプロセスを経ることで考え方が身に付くものであり、自立への近道となるはずです。


## ▶改めて要求内容の確認を

財政課担当は、査定に意識が集中すると、要求内容に脚色が入ってしまうことがあります。そのようなときは、上司査定でも「所管課は本当

にそのような趣旨で要求しているのか？」と指摘されます。

「要求」あっての「査定」です。査定の前に、要求内容や理由、背景を正確に捉えられているか、改めて所管課に確認を求めても良いでしょう。

## ▶俯瞰的な視点を持つ

「『木を見て森を見ず』にはなるな」

これは、私が財政課担当時代に、何度も上司に言われた言葉です。

皆さんは、担当部局の予算全体を見ることができる立場です。例えば、社会保障経費であれば、「どの対象者がどの事業にどのように影響するのか」「来年度は現在の対象者数がどのように関連するか」など、意識をすると人と事業や事業同士の関係性が見えてきます。個別の事業のみにフォーカスすると、俯瞰的に見たときに違和感のある査定となってしまうことがあります。

「査定は積み上げであるべき」とも言われますが、一方で、**俯瞰的に見たときに数字や金額に違和感や矛盾がないか、という見方も必要**です。詳しくは4章でご紹介します。

## ▶上司・首長の判断を補助する立場

自分の考えをまとめ上げることも極めて重要ですが、財政課担当の役割として、絶対に忘れてはいけないことがあります。

それは、**皆さんは「上司や首長が的確な判断をするための補助」という役割を担っている**ということです。

自分の査定の考えを押し通すことにこだわりすぎて説明や情報が偏ることにより、**上司や首長の誤った判断につながらないよう、客観的で論理的に情報を整える**ことが不可欠です。

## Q16 経常的経費は どう査定する？

**A** ズバリ「決算ベース」です。数字はウソを言いません。また、決算の傾向分析により、増減額分を的確に査定額に反映することも必要です。

### ▶何はともあれ決算ベース

経常的経費の査定の視点は、**基本的には「決算ベース」であり、予算がどれだけあれば執行できるのか**、です。初めての査定では「この査定で本当に執行できるのかな……」という漠然とした不安がつきまとうこともあるでしょう。でも大丈夫です。部局ごとの決算状況を見れば、**ほぼ確実に相当の不用額（予算残）がある**はずです。万が一、予算が不足しても「流用（同じ項内の各目の間、また目・節の間などの支出科目から他の支出科目に予算を充てること）」という手段があります。

一方で、特に1年目では「査定しなければいけない」という強迫観念に陥りやすいものです。ただ、決算額という査定の指標がある以上、**査定できないものはできないのです。予算をつけることも査定**です。

まとめると、議論や配慮が必要な要求以外は、事業の仕組みなどを聞き取り、決算ベースの査定で問題ないことまで所管課と共有できれば、あとは**時間をかけずに機械的に数量や金額を査定することに注力**です。

### ▶傾向を捉え経費の分析を

社会保障経費などの経年推移で増減がある事業は、事業の決算額だけ

でなく、構成要素である対象者数や平均単価などの傾向も漏れなく把握しましょう。

　また、構成要素は数字を並べるだけでなく、5年分程度を把握して各年度で**対前年増減を数量や率で算出すると傾向が具体的に数値化される**ので、要求額の妥当性の分析や、査定の糸口につなげられます。

　なお、分析結果は所管課と共有し、疑問点があれば理由まで聞き取れると、皆さんの思い込みを避ける上でもベストと言えるでしょう。

　**数字の分解や傾向分析は、査定においては必要不可欠な作業の一つで**す。傾向分析の手法は4章で経常的経費について詳しく説明します。


## ▶既存事業に課題があると感じたら

　経常的経費では「そもそもこの事業ってやる意味ある？　目的は？効果は？」と気になる事業も出てくるでしょう。このような**課題認識は、財政課担当にとって極めて重要**で、素晴らしい気づきです。

　しかしながら、経常的経費の査定の段階で所管課にこれを投げかけ、事業実施の是非まで議論することは、現実的にはあまり推奨しません。

　なぜなら、所管課にとっても住民にとっても、**既存事業の廃止や見直しにはしっかりと段取りを踏むべき**であり、時間に限りのある予算査定期間でこれを整えるのは、かなり無理があるからです。

　時間をかけて議論するスキームとして「サマーレビュー」と呼ばれる仕組みがあったり、財政課意見として「次年度の予算要求までに整理」するよう所管課に投げかけたり、査定の他にも手段はあります。**まずは査定作業を前に進めることを最優先**としましょう。


**｜Point ｜**━━━━━━━━━━━━━━━━━━━━━━●

決算ベースに切るだけなら誰でもできる。数字を分解し、傾向を客観的に分析することが不可欠。事業の見直しは段取りを忘れずに。

# 臨時的経費は どう査定する？

**A** ズバリ「そもそもなぜ来年度に実施しなければならないか」「必要最低限の予算額は？」の２点です。財源の確保も忘れずに。

## ▶何はともあれそもそも論

新たな事業の実施のためには新たな財源が必要となります。財源は住民の税金が基本であり、天から降ってくるものではありません。

このように考えると、臨時的経費の査定における**基本的なスタンスは**「ゼロ査定」であるべきと言えるでしょう。

ゼロ査定のためには、要求内容を多角的に捉え、更に深掘りし「○○のため予算化を見送る」と言い切れる査定理由を探す作業が必要です。言い換えると、ゼロ査定に向けて多角的に検証してもゼロにできない要求は、住民のために予算化すべきと考えられます。

また、所管課の要求への情熱を感じ、**様々な角度から予算化のための理屈を考えることと、ゼロ査定に向けて査定理由を考えることは、実はほとんど変わりません。**

## ▶必要最低限の予算額は？

臨時的経費は、まずは予算化すべきかどうかが最大のポイントです。初年度は軌道に乗らなくても、数年経過すれば粛々と執行する事業となり、一定の財政需要を伴う既存事業となります。

ですから、とにかく最初が肝心です。**予算化すべきとの結論に至って**も、**必要最低限の予算はどの程度なのかを精査する必要**があります。「スケジュール的には○○までの予算化が妥当」「まずは○○からのスモールスタートで効果を見ながらの執行ではどうか」など、予算額を決めるにあたっても、あらゆる視点からの精査が必要です。

臨時的経費の査定は、**予算化の是非もさることながら、実施効果が得られる査定額の理屈作りも必要である**ことを心得ておきましょう。

## ▶財源の確保も忘れずに

臨時的経費の査定では、前述の2点に全力で集中することが何より重要ですが、他にも、所管課も財政課担当もとりこぼしやすい視点があります。

それは「**財源の確保**」です。所管課としては歳出予算があれば執行はできるので、財源にはこだわらないことも多いものですが、皆さんは、財政運営の根幹を担う財政課の担当です。**歳出予算の査定のみではなく、財源確保の可能性、つまり歳入予算の査定も考えなくてはなりません。**「目的を整理すれば国費が確保できるのでは？」「理屈を整えれば適債性があるのでは？」「類似事業は利用者負担を徴しているから、この事業も負担を求められるのでは？」など、考える余地はまだあります。

**所管課にも財源確保の責務はありますが、財政課担当はそれ以上に財源確保の可能性**を意識しましょう。

| **Point** |

臨時的経費はゼロ査定が基本。あらゆる視点で深く考え、答えを導きだすのが財政課担当の仕事であると自覚しよう。財源確保もお忘れなく。

## Q18 分かりやすい査定資料を作るには？【経常編】

**A** 最初は前任の査定資料を倣いましょう。いかに数字で視覚的に分かるように整えられるかがポイントです。（参考例を p.70 に掲載）

### ▶まずは前年倣いで資料を作ってみる

査定資料は、どの自治体でも一定のフォーマットがあることでしょう。まずは、**前年の査定資料に倣って同じように査定し、査定資料を作成するのがゴールへの近道**となります。

1年目から鼻息荒く資料の改善に時間を費やしたくなることがあるかもしれませんが、財政課の在籍期間は長くなりますから、焦らずに、長いものには巻かれて、まずはゴールを目指しましょう。

一方で、1年目に任される部局は予算的には比較的軽く、前任も1年目が多いため、査定資料のレベルがあまり高くないことも多いはずです。

**ベテランの先輩職員の査定資料は、説明の流れや数字の見せ方を工夫していることも多いので、予算査定期間突入前に借用して目を通させて**もらい、工夫の手法を勉強しておくのも効果的でしょう。

### ▶数字で分かるように

経常的経費の査定は、とにかく「**数字がモノを言う**」が答えです。上司の査定でも、数字の確認がメインとなるでしょう。査定資料に落とし込む次の4点の項目を、**数字で視覚的に分かるように整理**します。

① 事業規模の8割以上の内訳

② 事業全体の前年度予算額との増減額の8割以上の内訳とその理由

③ 前々年度決算額との乖離額の8割以上の内訳とその理由

④ 政策的ではない新たな経費の要求内容と査定の考え方

　経常的経費の査定は決算ベースのため、特に③の**前々年度決算額との乖離理由が重要**です。「乖離＝査定の余地」となり、上司からは更なる査定を求められます。査定できない理由があれば資料に落とし込みましょう。**乖離理由を把握できているか、的確に説明できているかどうかが、経常的経費の査定の分かれ目**です。

　なお、数字を説明する文章も、ダラダラと書かずに簡潔明瞭に記載します。**口頭での補足説明が不要な査定資料がベスト**です。

## ▶決算ベース以外の査定は上司に判断を求める

　経常的経費は、所管課にとっては既存事業を執行するための重要な予算です。**決算ベースの機械的な数量査定とは異なる査定をする場合は、必ず査定資料にその内容を落とし込み、上司に判断を仰ぎましょう。**

　一例ですが、従来簡易書留で送付していた△△証書について、局内でも当該事業のみ簡易書留であり、「簡易書留とすべき理由がないため普通郵便に切り替え」と査定する場合は、単なる数量査定ではなく「執行方法の変更」を求めるものですから、上司への説明は必須でしょう。

　上司への説明なしに厳しい査定をしたまま内示し、所管課長から財政課長に苦情が入った場合は、担当の責任です。**自分の査定が正しいと驕らずに、上司に判断を求めるべきものは漏れなく資料に落としましょう。**

**┃Point ┃**━━━━━━━━━━━━━━━━━━━━━━━━━━━●

経常的経費の査定資料は、分かりやすく数字で見せることが肝。口頭説明はなるべく避けて資料に落とし込もう。切り込んだ査定は説明必須。

●図表3－1　経常的経費の査定資料の参考例

○○部

| 課名 | 事業名 | R4 見積額 | R4 査定額 | R3 予算 | 増減額 | 増減率 |
|------|--------|-----------|-----------|---------|--------|--------|
| △△課 | ◇◇センター<br>管理運営費 | 22,000 | 19,500 | 20,500 | ▲ 1,000 | ▲ 4.9% |
| | □□児童等<br>▽▽費扶助費 | 72,100 | 69,000 | 72,400 | ▲ 3,400 | ▲ 4.7% |

| | R4 査定 | R4 要望 | R3 決見 | R2 決算 | R1 決算 | H30 決算 |
|------|---------|---------|---------|---------|---------|----------|
| 児童数 | 3,330 | 3,405 | 3,451 | 3,578 | 3,650 | 3,665 |
| 前年比 | ▲ 3.5% | ▲ 1.3% | ▲ 3.5% | ▲ 2.0% | ▲ 0.4% | ▲ 1.6% |

数値の経年推移は表にすると分かりやすい。
網掛けなどでポイントを強調すると良い。

| 課名 | 事業名 | R4 見積額 | R4 査定額 | R3 予算 | 増減額 | 増減率 |
|------|--------|-----------|-----------|---------|--------|--------|
| | ★★祭り開催<br>事業費 | 5,000 | 4,700 | 4,550 | 150 | 3.3% |
| | ☆☆クラブ<br>育成事業費 | 9,000 | 8,000 | 7,500 | 500 | 6.7% |

（単位：千円）

| R2 決算 | 事業内容・増減理由（カッコ内数字は前年予算比） |
|---|---|
| 19,000 | 【内容】◇◇センターの施設管理運営に要する経費<br>【増減】光熱水費　要）11,600 →査）9,800（▲1,200）<br>…電気料金の使用量及び平均単価をR2決算に査定<br>清掃業務委託　要）3,600 →査）3,300（＋250）<br>…R2決算に査定。人件費の増は考慮<br>修繕料　3,000（±0）…R2決算見込による見積り |
| 74,200 | 【内容】□□児童等に対する▽▽経費等の扶助費<br>　　日用品費（全学年）　50,000円／人<br>　　修学旅行費（6年生のみ）　20,000円／人　など<br>【増減】□□児童等▽▽費等扶助費<br>　　要）71,300 →査）67,900（▲3,500）<br>　　…児童数の対前年伸び率を直近決算見込に査定<br>　　伸び率　要）過去3か年実績：▲1.3%<br>　　　　→査）直近決算見込み：▲3.5%<br>＜R2決算との乖離理由＞<br>児童数の減　R2:3,578人→R4:3,329人、▲7% |
| 4,500 | 【内容】機運の醸成や地域活性化のための★★祭りの開催経費<br>【増減】会場設営委託　要）3,000 →査）2,800（＋100）<br>　　…仕様をR2決算の水準に査定<br>　　参加者数の増に伴うトイレ数の増は考慮<br>警備委託　1,000（＋100）<br>　　…R3の事故を踏まえ、警備員数増員の見積り |
| 7,500 | 【内容】☆☆クラブの活動に対する補助金〔国費1/3〕<br>　　1クラブあたり年額上限　50,000円<br>【増減】活動補助金　要）8,900 →査）7,900（＋500）<br>　　…クラブ数に増減の一貫性がないため、過去3か年実績平<br>　　均に査定<br>　　クラブ数　要）180クラブ→査）160クラブ（＋10） |

経常的経費は決算ベースの査定となるため、決算額に誤りがないか要チェック。

査定理由は簡潔明瞭に分かりやすく。

（　）書きの数字の合計がR3予算比増減額の8割以上を満たせるように。

決算との乖離理由は文字で明確化すると上司も判断しやすい。

増額要求はその背景や理由を明確に。

# 分かりやすい査定資料を作るには？【臨時編①】

**A** まずは基本的な項目立てと流れを押さえましょう。聞き手に配慮した工夫に加えて、誰が見ても分かるような資料を目指しましょう。

## ▶基本的な流れを押さえる

　私の自治体の臨時的経費の査定資料は、自ら項目立てを考えるという自由度の高い形式で、何から項目立てをすべきか分からず、はじめのうちは、書き出しから時間がかかったものでした。

　要求事業の内容や種類によって説明すべき内容や流れは若干変わりますが、**まずは基本的な項目立てと流れを押さえておきましょう**（図表3－2）。なお、公共施設の建替えや道路整備などの継続事業で、例年使用され時点を更新するフォーマットがある場合は、そちらを使います。

　資料作成とは、つまり、**見積資料やヒアリング内容の並替えや組合せにより、聞き手の頭にスッと入る流れの良いストーリーを作る**ことです。

●図表3－2　臨時査定資料の基本的な項目立て

| | 項目立て | ヒアリング内容 |
|---|---|---|
| 1 | 趣旨・概要 | ・「○○のため、△△を実施」など、要求の趣旨を簡潔に記載。聞き手側の入り口の意識を整える。<br>・冒頭から深い話をすると聞き手にとっては分かりにくく混乱のもと。その後の説明の流れも作りにくくなる。<br>・要求事業を一言で表すフレーズのため、記者発表資料などで使用されることもある。必要に応じて、表記内容を所管課に確認しておくとベスト。 |

| | 項目立て | ヒアリング内容 |
|---|---|---|
| 2 | 現状の問題点<br>・必要性 | ・「現状でどのような問題点や支障が生じており、これを解決・解消するために来年度から当該事業の実施が必要」という流れを整える。予算化を判断する肝となる。<br>・問題点や支障のレベル感を客観的な指標で数値化できる場合は、経年推移などで補足。<br>・現状の問題点や支障を把握せずに「実施したい」のみが先走っている要求も見受けられる。現に問題がなければ実施が必須とは言い難い。経験が浅いうちはこの項目の整理に苦慮しやすいため注意。 |
| 3 | 事業内容・効果 | ・項目立て2の必要性を踏まえ、どのような事業を実施するのか、5W1H（いつ、どこで、誰が、何を、なぜ、どのように）などを具体的に記載。<br>・効果は、項目立て2で問題点を数値化できる場合は、その数値の改善をもって効果とする。数値化できない場合も、本市にとっての実施メリットを記載。 |
| 4 | 積算の考え方 | ・要求額の積算の内訳や考え方、財源などを記載。<br>・初年度の事業費が通年分ではない場合、通年で実施した場合の事業費も記載できると良い。単発モノの場合はその旨を記載。 |
| 5 | スケジュール | ・事業実施にあたり、第三者との協議や調整が必要な場合は、どのようなスケジュールで調整し、いつから実施するのか、時系列で記載。<br>・現実的に無理があるスケジュールの場合は、査定で開始時期を後ろ倒しにできる場合もある。 |
| 参考<br>① | 他都市の<br>実施状況 | ・他都市（同規模の都市等）の実施状況との比較が必要な場合は、実施の可否（要求の状況含む）、対象者、事業内容、実績、効果などを比較できるように表で並べて記載。<br>・他都市と比較して要求内容の水準が高く、その理由に妥当性がなければ、他都市程度の水準に内容を査定することもできる。 |
| 参考<br>② | 類似事業との<br>比較 | ・類似事業がある場合は、要求事業との内容の比較ができるよう、表などで記載。<br>・類似事業との整合性やバランスを逸する状態であれば、これを整えるような査定をすることもできる。<br>（例…補助対象者や補助率等） |

●図表3－3　ヒアリング内容と基本的な項目立てとの関係

**ヒアリング内容**

| | | |
|---|---|---|
| ①目的・必要性 | ⑥事業の効果 | ⑪議会要望や答弁の状況 |
| ②緊急性 | ⑦事業計画 | ⑫復活要望の意向 |
| ③事業内容 | ⑧財源の確保 | ⑬予算編成要綱との関係 |
| ④実施方法の妥当性 | ⑨他類似団体の動向 | |
| ⑤経費の妥当性 | ⑩類似事業の見直し・統合等 | |

**基本的な項目立て**

| 項目 | ヒアリング番号 |
|---|---|
| 1　趣旨 | ① |
| 2　現状の問題点・必要性 | ①・② |
| 3　事業内容・効果 | ③・④・⑥ |
| 4　積算の考え方 | ⑤・⑧ |
| 5　スケジュール | ⑦ |
| 参考①　他類似団体の状況 | ⑨ |
| 参考②　類似事業との比較 | ⑩ |

※⑪⑫⑬などは必要に応じて記載

## ▶聞き手の立場になって読みやすい資料を作る

　財政課に限らず、上司への資料説明の際、「ん？　どこを説明している？」と、説明がスムーズにいかなかった経験がありませんか？　これは、思い通りに聞き手の目を動かせていないからでしょう。

　予算査定の中でも特に首長査定では、相当数の事業の判断を超短期間で行うため、信じられないスピードで事業の説明をしていきます。

　このようなスピード感のある資料説明においては、**言葉によって聞き手の目をいかに思い通りに、かつその動きを最小限にできるかが決め手**となります。そのための資料作成の主なポイントは次の通りです。

①　項目ごとに番号とタイトルを付す

②　長めの文章は箇条書きに

③　文章中で強調する場合は、字体を変えたりアンダーラインを付した

りする

④　表中で強調する場合は、太枠や網掛けにする

⑤　タテ資料の流れは上→下、ヨコ資料は左→右、などに統一する。補足の参考情報はすぐ脇に置く

⑥　既存事業を拡充する場合などは、現行と拡充後を分けて記載する（現行：○○→拡充後：△△）

　このような**聞き手への配慮の積み重ねが、分かりやすい資料作成とスムーズな説明につながります**。なお、このような細かいテクニックは、査定資料に限らず、どの部署に配属されても活用できるものです。


## ▶誰が見ても分かるように情報を入れ込む

　査定資料は「とにかく簡潔であるべき」「査定までのストーリーが無駄なく」など、人によって理想像が分かれますが、私が部下に伝えていたことは「**誰が見ても分かるように**」です。

　査定資料には、**上司や首長が的確に判断できる情報が網羅されていることが前提**であり、口頭による補足説明はなるべく避けるべきでしょう。

　また、将来的に事業の見直しや廃止、整理統合が求められる可能性もあるわけですから、予算化当時に上司や首長がどのような考え方で判断をしたのかがよく分からないような査定資料は適切とは言えません。

　**口頭で補足説明するくらいなら資料に落とし込みましょう**。誰が見ても分かるような査定資料は、所管課への内示の際も説明しやすいですし、財政課担当間の引継ぎの際にも有用となるはずです。


**┃Point ┣**━━━━━━━━━━━━━━━━━━━━━━━●

基本的な項目立てを習得し、流れるようなストーリー作りを目標に。読みやすく配慮のある資料は、的確な査定への橋渡しになると心掛けよう。

## Q20 分かりやすい査定資料を作るには？【臨時編②】

**A** 資料作成段階での情報不足の気づきは成長の裏返しです。自分なりのフォーマットを見つけられると、資料作成は更に効率的になります。

### ▶査定資料に落とし込むと見えることも

「ん？　こんな情報があると流れが良くなるかもしれないな」「あれ？こういう場合はどうなるんだろう？」など、見積資料やヒアリング内容を整理して査定資料に落とし込んでいくと、ストーリー作りや上司の判断に必要な情報の聞き漏れに気づくことがあります。

　この気づきは悪いことではありません。これは、分かりやすさや判断のために必要な情報のイメージが湧いていて、考えることができていることの裏返しです。**査定資料としてアウトプットの段階までたどり着くことによって見えてくることもあるものです。**

　確認による二度手間を避けるためにも、所管課担当から追加で情報を入手して説明の流れを整え、疑問点は解消して上司査定に臨みましょう。

　この「気づき」ができるようになると、皆さんの査定資料は完成度が向上し、分かりやすいものになっていることでしょう。**査定資料の分かりやすさは、的確な査定につながります。**

### ▶自分のフォーマットを見つける

　自分で説明のストーリーを組み立てる査定資料の作成では、**自分の**

フォーマットをあらかじめ数種類準備しておき、要求の内容に応じて適切なフォーマットを取り出して使いこなすことができると効率的です。

　まずはスピーディーに形にすること自体がゴールへの近道となり、論点を深掘りする時間を確保することにもつながります。

　ただ、初めのうちは、項目ごとの内容の詰め具合がいまいち分からないこともあるでしょうから、あらかじめ前任やベテランの査定資料に目を通し、感覚を掴んでおくと良いでしょう。

　事前に要求内容に目を通して適切なフォーマットを準備しておき、ヒアリングをしながらフォーマットに情報をはめ込み、アウトプットをイメージしながら不足する情報を聞き取って補うことができると、インプットとアウトプットを同時にこなしているような状態になります。

## ▶丁寧で配慮のある査定理由を

「必要性がなく、拡充は認めない。拡充分をゼロ査定とする」所管課の立場でこれを見たら「言い方がきつくて腹が立つ」「財政課って偉そう」と感じませんか？　「必要性に疑問があるため、拡充分の予算化を見送り。現行体制での対応をお願いしたい」これだと、同じ査定結果でも、受け手の印象が柔らかくなります。次年度に向けて必要性のある部分を掘り下げよう、と前向きに考える所管課担当もいるかもしれません。

　査定理由の表現は、所管課のモチベーションに影響を与えることもあります。また、内示の際に所管課との無駄な揉め事を避け、ヒアリングに協力してくれた所管課への敬意を示すためにも、**査定理由は丁寧に配慮のある表現を心掛けましょう。**

**┃Point ┣**━━━━━━━━━━━━━━━━━━━━━━━━━●

自分のフォーマットがあると、資料作成は格段に効率的になり、不足に気づきやすくなることで完成度も向上する。査定理由は極力丁寧に。

# 【臨時的経費査定資料の作り方（相談員等の増員）】

分析の結果、増員すべきとの考えに至り、要求通りになった査定の例。所管課と協力して数字や見せ方を考え、予算化に至ったケース。

## ＜１ 趣旨＞

要求の内容を簡潔明瞭に記載します。

## ＜２ 現行の体制＞

説明の流れを考慮して必要性の項目と順番を入れ替え、先に現在の現行の体制を記載します。スクールカウンセラー（SC）の種別は３種類あるため、全体の執行体制を表にして説明しています。

## ＜３ 現状の問題点・必要性＞

見積資料やヒアリングで聞き取った内容を簡潔に記載します。＜参考①＞の不登校率の推移は経常ヒアリング時に聞き取った指標で、所管課と共通認識を図り、増員要求の理由・問題点として説明しています。

## ＜４ 相談対応の状況＞

**3**の問題点の程度を具体的に数値化して示しています。査定のポイントはSCの負担感ですが、件数のみでは分かりにくいため、１人あたりの対応件数を経年推移で示し、網掛け太枠で強調し、表外上段で文章で説明しています。一貫して負担が増加していることが分かります。

## ＜５ 実施計画等の状況＞

計画数値と要求との関係や、国の概算要求の状況を示しています。今回の要求は、市の計画に基づいていますが、国の概算要求よりは控えめになっています。

## ＜参考②＞

**4**の相談対応の状況では、１人あたり対応件数が経年で増加傾向ですが、大変さの程度のイメージがわきにくいので、同規模の他都市の状況と比較しています。本市のSCの負担感が強いことが分かります。ポイントを網掛けで強調しています。

## ●図表３－４　臨時的経費査定資料の例【相談員等の増員】

### 令和４年度当初予算査定資料

※上段：事業費、下段一般財源 （単位：千円）

| ○○部 | 要求額 | 査定額 | 前年度予算 | 増減 | |
|---|---|---|---|---|---|
| スクールカウンセラー増員【拡充】 | 100,000 | 100,000 | 90,000 | 10,000 | 経費の内訳 |
| | 66,667 | 66,667 | 60,000 | 6,667 | |

| 内　容 | |
|---|---|

**＜１　趣旨＞**
　いじめや不登校などに対応するため、スクールカウンセラー（SC）を増員する。
　　小学校SC　R3：8人→R4：14人（＋6人）

**＜２　現行の体制＞**

| | 種別 | 役割 | 人数 | 体制 | 対応 |
|---|---|---|---|---|---|
| 1 | 統括スーパーバイザー | ・SCへの助言<br>・困難事例対応 | 5 | 全校対応 | 要請に応じて |
| 2 | 中学校SC | ・生徒・保護者の相談対応<br>・教職員へ助言 | 60 | ・1校/人<br>・全60校に配置 | ・週１～２回/校、4時間/回<br>・小学校未配置校にも巡回<br>・1人あたり年280時間勤務 |
| 3 | 小学校SC | | 8<br>要望＋6人 | ・5校/人<br>・全100校のうち60校未配置 | ・月１～２回/校、4時間/回<br>・拠点校から定期巡回<br>・1人あたり年280時間勤務 |
| | | | 計　73 | | |

**＜現員分＞（73人）**
　報酬等　　　90,000

**＜拡充分＞（6人）**
　報酬等　　　10,000

**〔財源〕**
　国費　1/3

**＜３　現状の問題点・必要性＞**
　・小学校SCの相談件数が急増し予約がとりにくい状況であり、未配置小学校をフォローする中学校SCも手いっぱいな状況
　・本市小学校の不登校率は、全国・県平均よりも高い水準が継続（参考①）
　⇒小学校でのいじめや不登校への早期対応が急務であり、増員が必要。
　　増員により、不登校率の低下が期待できる。

**＜４　相談対応の状況＞**
　・SC1人あたりの年間対応件数は、年々増加している。
　・小学校SCの負担増が顕著である。

（単位：人、件）

| | | R3<br>（9月迄） | R2 | R1 | H30 |
|---|---|---|---|---|---|
| 中学校SC | 配置数 | 60 | 60 | 60 | 60 |
| | 中学校対応 | 10,900 | 21,600 | 18,690 | 17,210 |
| | 小学校対応(a) | 1,072 | 1,600 | 1,370 | 870 |
| | 計(小＋中) | 11,972 | 23,200 | 20,060 | 18,080 |
| | 対応件数/年・人※ | 399 | 387 | 334 | 301 |
| 小学校SC | 配置数 | 8 | 8 | 8 | 8 |
| | 小学校対応(b) | 1,721 | 2,950 | 2,670 | 1,930 |
| | 対応件数/年・人※ | 430 | 369 | 334 | 241 |
| 小学校対応計(a+b) | | 2,793 | 4,550 | 4,040 | 2,800 |

※R3対応件数/年・人は、9月までの実績を通年換算

**＜参考①＞不登校率の推移**

| | | R2 | R1 | H30 |
|---|---|---|---|---|
| 中学校 | 本市 | 2.5% | 2.4% | 2.3% |
| | 県 | 2.6% | 2.5% | 2.5% |
| | 全国 | 2.8% | 2.7% | 2.7% |
| 小学校 | 本市 | 0.5% | 0.4% | 0.4% |
| | 県 | 0.4% | 0.3% | 0.3% |
| | 全国 | 0.4% | 0.3% | 0.3% |

**＜５　実施計画等の状況＞**
　・本市の実施計画では、R5に小学校全校に配置
　・国の概算要求では、H30から小・中ともに全校配置

（単位：人、校）

| | R3 | R4 | R5 |
|---|---|---|---|
| 小学校SC | 8 | 14 | 20 |
| 配置校数(SC×5) | 40 | 70 | 100 |

**＜参考②＞R2他都市の状況** （単位：人、件）

| | | A市 | B市 | C市 |
|---|---|---|---|---|
| 中学校 | 配置人数 | 65 | 80 | 50 |
| | 対応件数 | 14,625 | 20,320 | 10,250 |
| | 対応件数/年・人 | 225 | 254 | 205 |
| 小学校 | 配置人数 | 12 | 15 | 10 |
| | 対応件数 | 2,916 | 3,075 | 1,980 |
| | 対応件数/年・人 | 243 | 205 | 198 |

※配置人数は、本市の人工（年280時間）を1人工として置き換えている

# 【臨時的経費査定資料の作り方（新規イベント経費）】

　実施計画に位置付けられたイベント経費の査定例。国の動向や他都市の実施状況等からゼロ査定は困難と判断するとともに、事業費については、取組みごとの効果測定が困難のため、他都市の事業費の水準を踏まえて総額で査定し、どの取組みをどの程度実施するかは所管課に委ねたケース。

## ＜1　趣旨＞

　どんな経緯で何のために何をするか、を簡潔明瞭に記載し、対外発信時のフレーズも意識します。「人生100年時代とは？」の答えは、レイアウトの都合上少し離れていますが＜参考①＞として示します。

## ＜2　現状の問題点・必要性＞

　ヒアリングを通じて、問題点として使えそうな指標を洗い出して列挙しています。イベント系事業は必要性の整理が難しいことが多いのですが、この要求は定期的に調査を実施していたおかげで、比較的整理がしやすかったケースです。

## ＜3　事業内容＞

　要求内容の考え方と内容を簡潔に記載します。イベント系経費の多くは、目的を達成するためにはどの取組みが一番効果的であるのか等を内容ごとに測ることはかなり難しく、経費の精査も困難であるため、項目ごとの5W1Hにはあまりこだわらず、シンプルにまとめました。

## ＜参考②＞

　先行事例があったため、他都市の実施状況を確認してもらいました。都市ごとに事業費にムラはありますが、ムラがある場合は平均値を算出して査定額の目安を表記します。

# ●図表３－５　臨時的経費査定資料の例【新規イベント経費】

## 令和４年度当初予算査定資料

※上段：事業費、下段一般財源

| ○○部 | 要求額 | 査定額 | 前年度予算 | 増減 | 経費の内訳 |
|---|---|---|---|---|---|
| 人生100年時代に向けた取組み【新規】 | 10,000 | 5,000 | 0 | 5,000 | |
| | 10,000 | 5,000 | 0 | 5,000 | |

| 内　容 | |
|---|---|

<1 趣旨>
　人生100年時代を見据え、市民の健康づくりに係る意識を醸成するとともに、健康寿命の延伸を図るため、広報・啓発イベントを実施する。

<2 現状の問題点・必要性>
・本市の健康寿命は、H26→R1では、女性は不健康期間が短縮したが、男性は不健康期間が長期化。
（不健康期間の状況）

| | 男性 | | | 女性 | | |
|---|---|---|---|---|---|---|
| | 平均寿命 a | 健康寿命 b | 不健康期間 a-b | 平均寿命 c | 健康寿命 d | 不健康期間 c-d |
| R1 | 81.3歳 | 79.7歳 | 1.6歳 | 86.8歳 | 83.6歳 | 3.2歳 |
| H26 | 80.1歳 | 78.6歳 | 1.5歳 | 86.7歳 | 83.4歳 | 3.3歳 |
| 増減 | 1.2歳 | 1.1歳 | 0.1歳 | 0.1歳 | 0.2歳 | ▲0.1歳 |

・「自分を健康だと思っている人」の割合は、国や県と比較して低く、経年でも減少傾向である。
（自分を健康だと思っている人の割合）

| | H30 | H27 | H24 | H21 |
|---|---|---|---|---|
| 割合 | 34.5% | 37.3% | 37.8% | 39.4% |
| 前回比 | ▲2.8% | ▲0.5% | ▲1.6% | |

・人生100年時代が到来している現状と、市民の意識との間に差がある。

| | 平均寿命（H27） | | 市民が生きると考える年齢 |
|---|---|---|---|
| | 国 | 市 | |
| 男性 | 80.8歳 | 81.2歳 | 81.6歳 |
| 女性 | 86.9歳 | 86.7歳 | 82.0歳 |

⇒「人生100年時代」の到来を市民に周知するとともに、主体的に健康づくりを行う市民を増やすことにより健康寿命の延伸につなげるため、広報・啓発活動が必要

<3 事業内容>
（1）考え方
　・人生100年時代をポジティブなイメージで発信する
　・健康づくりに無関心な層への働きかけを行い、自主的な健康づくりに取り組む市民の増加につなげる
（2）見積内容

| | 項目 | 内容 | 見積額 |
|---|---|---|---|
| ① | 健康づくり担当大使の任命 | 著名人を想定 | 800 |
| ② | 大型ポスター・リーフレット作成 | JR○○駅等に掲示・配架 | 2,000 |
| ③ | 動画作成 | PR動画作成 | 3,400 |
| ④ | 広報アドバイザリー | 雑誌などのメディアとの連携 | 900 |
| ⑤ | 長寿料理レシピの作成・発信 | 減塩レシピを料理研究家に依頼 | 900 |
| ⑥ | 人生100時代写真展 | 活動的な高齢者の写真等を展示 | 2,000 |
| | | 合計 | 10,000 |

経費の内訳

人生100年時代に向けた取組み
イベント委託料

　要）10,000→査）5,000
　査）他都市の実施状況も踏まえ実施計画事業費の範囲内での実施をお願いしたい。
　　なお、広報実施後の調査により、効果測定の徹底をお願いする。
　※R4実施計画事業費：5,000

<参考①>人生100年時代とは
・2050年には女性の平均寿命は90歳を超えるとの推計
・H28時点での100歳以上の高齢者は、全国で6.5万人以上
⇒国は、100歳まで生きることが珍しくない「人生100年時代」を迎えているとし「人生100年時代構想会議」を設置し、対応検討中

<参考②>
他都市の実施状況

| | R3決算額 |
|---|---|
| A市 | 7,000 |
| B市 | 6,000 |
| C市 | 3,000 |
| D市 | 5,000 |
| 平均 | 5,250 |

# 【臨時的経費査定資料の作り方（ソフト事業の拡充）】

　分析の結果、増設分は保育所新設時の整備助成の範囲で7か所を確保できることが確認できたため、一時預かり施設単体整備のための補助金は不要と判断し、ゼロ査定とした例。また、補助金の自治体独自による増額分は、赤字の状況を把握していなかったため、同じくゼロ査定。

　ただ、査定理由を踏まえ、数年後に運営状況の実態を把握し、自治体独自の補助増額分は予算化されているケース。

## ＜1　趣旨＞

　要求内容が大きく2本あるので、箇条書きで示します。

## ＜2　事業内容＞

　説明の流れを考慮して必要性の項目と順番を入れ替え、先に現行の一時預かりの事業内容を記載します。ヒアリングを通じ、一時預かりの整備費助成は、既存施設の改修と、保育所等新設時に併せて実施スペースを確保する2種類が確認できたため、備考欄に記載します。最終的な査定理由につなげる狙いがあります。

## ＜3　増設の必要性＞

　実態としての必要性を確認する必要があることから、予算要求前にあらかじめ所管課と調整して調査を依頼していた実施施設の「断り件数」を数値化し、増設の必要性や箇所数の妥当性を示します。

## ＜4　実施計画の状況＞

　実施計画との比較を示します。本要求は、実施計画と同水準の要求になっています。

## ＜5　補助金の増額について＞

　補助金の増額は、1項目内に3つの小項目を作ってまとめています。要求に至った経緯や理由、内容や考え方を簡潔に記載します。細分化のイメージを具体的に説明するため、現行と拡充後を表で示し、増額要求部分を網掛けして強調します。

## ●図表３－６　臨時的経費査定資料の例【ソフト事業の拡充】

### 令和４年度当初予算査定資料

※上段：事業費、下段一般財源

| ○○部 | 要求額 | 査定額 | 前年度予算 | 増減 | 経費の内訳 |
|---|---|---|---|---|---|
| 一時預かり増設・補助増額【拡充】 | 46,000 | 0 | 35,000 | ▲35,000 | |
| | 22,667 | 0 | 11,667 | ▲11,667 | |

| 内　容 | |
|---|---|

<1　趣旨>
①多様な保育需要に対応するため、実施施設を増設
　R3：31か所　→　R4：38か所（＋7か所）
②事業者の要望を受け、事業安定化のため、補助階層区分を細分化して補助金を増額

<2　一時預かりの事業内容>

| 利用要件 | パート就労等（週2～3日） |
|---|---|
| 利用限度 | 1月あたり15日 |
| 受入人数 | 1日あたり概ね10人（平日のみ） |
| 実施方法 | 保育園等の余裕スペースを活用 |
| 運営費国補助基準額 | 年間利用人数帯ごとに補助額設定　1,500千円（25～300人）～9,600千円（3,900人以上） |
| 負担割合 | 国1/3、県1/3、市1/3 |
| 備考 | ・既存施設改修費助成：5,000千円/か所（国1/3、県1/3）・保育所等新設時助成：本体整備補助に加算 |

<3　増設の必要性>　※<1>の①
　ニーズ等調査の結果、施設が利用を断った件数を全てカバーするためには、7施設分の増設が必要
〔算定式〕断り件数11,200÷1施設あたり受入数1,592≒7施設

| | 利用見込 | 断り件数 | 合計 |
|---|---|---|---|
| 利用延べ人数 | 60,500人 | 11,200人 | 71,700人 |
| 割合 | 84.4% | 15.6% | 100.0% |
| 1施設あたり（38施設） | 1,592人 | 295人 | 1,887人 |

<4　実施計画の状況>
※年度当初時点

| | R3 | R4 | R5 |
|---|---|---|---|
| 実施施設数 | 31か所 | 38か所 | 45か所 |

<5　補助金の増額について>　※<1>の②
（1）要望理由
　　国の階層区分は延利用人数に幅があり、次の階層の手前の利用人数の実績の場合、補助金額が不足し、赤字となるケースがある。このため、階層区分の細分化について、事業者から要望あり。
（2）要望内容
　　現行）国補助基準額に基づき補助
　　→拡充後）階層区分を細分化し、市単独により補助増額
（3）市単独分の補助基準額の考え方
　　当該階層と次階層の中間の金額を設定（右表網掛け部分）
　　〔右表★を例〕
　　　（2,400＋3,600）÷2＝3,000千円
　　　※2,400千円に上乗せする600千円が市単独分

**経費の内訳**

増設分整備費（7か所）
要）35,000→査）0
査）増設の必要性はあるが、本体整備補助の活用により7か所整備が可能であるため既存施設改修費助成の予算化は見送り。

補助金増額分
要）11,000→査）0
査）現行補助制度による収支状況を把握したうえで増額を検討いただきたい。
あわせて、実情を踏まえ、国への要望活動が必要と考える。

（単位：人、千円）

| 現行 | | 拡充後 | |
|---|---|---|---|
| 年間延利用人数 | 補助基準額 | 年間延利用人数 | 補助基準額 |
| ～299 | 1500 | ～299 | 1,500 |
| 300～899 | 2400 | 300～599 | 2,400 |
| | | 600～899 ★ | 3,000 |
| 900～1,499 | 3600 | 900～1,199 | 3,600 |
| | | 1,200～1,499 | 4,200 |
| 1,500～2,099 | 4800 | 1,500～1,799 | 4,800 |
| | | 1,800～2,099 | 5,400 |
| 2,100～2,699 | 6000 | 2,100～2,399 | 6,000 |
| | | 2,400～2,699 | 6,600 |
| 2,700～3,299 | 7200 | 2,700～2,999 | 7,200 |
| | | 3,000～3,299 | 7,800 |
| 3,300～3,899 | 8400 | 3,300～3,599 | 8,400 |
| | | 3,600～3,899 | 9,000 |
| 3,900～ | 9600 | 3,900～ | 9,600 |

## Q21 分かりやすい説明の コツは？

**A** 査定理由までのポイントを拾い上げ、聞き手の理解度を確認しながら説明しましょう。書いてあることの全てを読むのはＮＧです。

## ▶ポイントを絞る

　他の財政課担当が上司に説明しているとき、「もういい、分かった。で、担当の意見は？」など、担当の説明を途中で遮られる場面を見たことがありませんか？　これは、読めばわかる資料になっていること自体は良いのですが、その説明が要領を得ていないのかもしれません。

　説明を聞く側は、**資料を見ながら説明を耳で聞くよりも、資料を目で追う方が速いのです**。ですから、説明側は聞き手の目の動きのスピードに合わせて説明する必要があります。

　そのためには、書いてあることを全て読んでいては聞き手の目の動きに追い付きません。**理解してほしいポイントを目で追ってもらえるよう**、聞き手の目を誘導するイメージで説明をする必要があります。

　実践はなかなか難しいです。ただ、少なくとも**自分が読む部分はあらかじめマーカーをしておく**など、スムーズな説明のための事前準備をしておきましょう。

## ▶書いていないことは説明しない

　資料説明ではポイントを絞る必要がありますが、**それ以上に避けてほ**

しいのは、資料に書いていないことを口頭で長々と説明することです。

　聞き手は資料に目を落とし、読んで理解することに集中します。口頭説明は聞き手の集中力を途切れさせる場合もあります。口頭で補足するくらいなら査定資料に落とし込みましょう。また口頭レベルで済む場合も「口頭で補足しますが」など、一言添えて説明しましょう。

　細かいことと感じるかもしれませんが、**判断を求められているのに書かれていないことを口頭で説明されると、思いのほかストレスを感じる**ものです。

　一方で、書いたからには上司からの質問に答えられるよう、上司査定の前に改めて説明する内容を勉強しましょう。質問に対して「確認します……」を連発しているとなかなかゴールにたどりつけません。


## ▶一方的にならないように

　資料説明では、もう一つ気を付けなければならないことがあります。それは、**独りよがりの一方的な説明にならないように**することです。

　言い換えると、説明しながら聞き手の目線の動きを確認し、読み終わることが感じられたら「よろしいですか？」と説明内容の共通理解を図りつつ、次の項目の説明をする、となります。

　一方的な説明は、**聞き手の理解を阻害する**こともあります。「以下、記載の通りです」と**一部説明を省略してひと休みしながら聞き手が読む時間も作るなど、工夫しながら説明**しましょう。上司査定の場をコーディネートできれば、上司の信頼も得られることでしょう。


**｜Point ｜**

ポイントを絞りつつ、聞き手の目の動きにあわせ、理解度を確認しながら説明しよう。独りよがりの一方的な説明はタブーと心掛けて。

## Q22 各課の予算案が全て重要に見えるときは何をすべき？

**A** 財源には限りがあります。優先的に予算化すべき事業のみ選択したり、他都市の実施状況を参考にして予算化の是非を検討したりしましょう。

### ▶所管課の優先順位は？

　臨時的経費では、所管課による要求の理論構築がしっかりしていると、どれも予算化すべき事業のように見えてくることがあります。

　しかしながら、**財源には限りがあるため、必要性や緊急性のみでは予算化できない場合もある**のです。

　例えば、公共施設の老朽化に伴う各種設備の修繕などは「修繕料を予算化しなければ、どれも壊れてしまうかもしれない……」と感じることもあるでしょう。このケースでは、財源に限りがあることについて所管課の理解を得た上で**優先順位を確認し、優先度の高いものから予算化**する査定手法が考えられます。

　なお、優先度査定は、設備修繕に限らず、要求事業の内容の査定や、複数の要求事業間での査定にも活用できます。4章で詳しく述べます。

### ▶類似事業を比較する

　経常的経費のヒアリングが終われば、担当部局内の既存事業を網羅的に把握できているはずです。臨時的経費で見積もられた新規の要求事業を既存事業と照らし合せて改めてよく確認してみましょう。目的や対象

者などが類似する事業が、既存事業の中に隠れていませんか？　もし**類似事業があれば、実施方法や費用対効果などを比較分析し、重複がないか、すみわけができているか等を確認します**。場合によっては、次のような査定理由で切り込めるかもしれません。

　　・類似の○○事業との対象者のすみわけを整理後に予算化を検討
　　・費用対効果の高い△△事業を優先的に予算化　　等

　なお、このような場合は仮に予算化することとなったとしても、所管課に対して事業の見直しや整理統合の検討を投げかけるべきでしょう。

　財政課担当は、「**最少の経費で最大の効果を挙げる**」ことが自治体の**使命**であることを常に念頭に置いてください。


## ▶他都市の実施状況は？

　既存の類似事業との比較の他にも、同規模の他都市の実施状況と比較する手法もあります。例えば、○○相談員の増員要求であれば、相談員の人数や相談延件数、事業費などについて他都市の実施状況と比較してみましょう。皆さんの自治体と比較して、相談員の人数が少ないにも関わらず相談延件数が多い場合や、相談延件数が多いにも関わらず事業費が小さい場合などは、その都市は効率的に事業を運用しているのかもしれません。このような場合は、「**他都市の実施方法を検証後に予算化を検討**」という理由で予算化を見送ることもできます。

　ただし、短期間での調査は所管課にとって相当な負担となります。要求の予定が事前に把握できる場合は、**できるだけ要求前に調査のオーダーができるとお互いの負担の軽減や平準化になるでしょう**。


**┃Point┣**━━━━━━━━━━━━━━━━━━━━━━━●

類似事業や他都市の実施状況と比較することで、査定の可能性が見えてくることも。財政課担当は常に「最少の経費で最大の効果を」を念頭に。

# Q23 予算を付けても課題を感じるときは何をすべき?

**A** 執行段階で事業の成熟度を向上させるよう意見を付しましょう。特に新規事業は、決算を見据えた定量的な効果指標の設定が必要です。

## ▶財政部門としての意見を付す

予算を計上するかどうかは、必要性や緊急性などの理屈だけではなく、法律的な要因や政治的な事情も働きます。実施理由の詰めが甘く時期尚早と思われるものでも、様々な要因でその年度に必ず予算化しなければならない事業もあるのが現実です。

そのような場合は、財政課として考えられる課題を付すこともできるでしょう。あらかじめ注文をつけた上で予算化する、ということです。

所管課の中には、歳出予算が確保できればゴールと考える職員もいるかもしれません。しかしながら、**予算計上はゴールではなく、住民サービスの視点ではスタート**です。

ただ漫然と事業を執行することのないよう、執行方法の工夫による財政負担の縮減や実施効果の検証などを求め、自治体や住民にとって**より良い事業となるよう、財政部門としての期待を込める**ことも大切です。

## ▶効果測定を徹底して行う

事業実施の財源は住民の税金が基本ですから、地方自治法からも最少の経費で最大の効果を挙げるよう求められていますが、言い換えれば、

常に効果測定が必要ということです。

　特に新規事業では予算化する際に、**効果指標をあらかじめ設定しておくことが大変重要**です。効果測定ができなければ、決算で事業効果の説明ができず、将来的な事業継続や見直しの判断も困難になるからです。

　ヒアリングでは、事業の実施効果を聞き取るはずです。聞き取った効果の内容が定性的で測定困難なものであれば、「**今後の効果測定の必要性を見据え、執行までに定量的な効果指標を検討されたい**」などと意見を付すと良いでしょう。

　所管課にとっては厳しい注文かもしれませんが、特に新規事業は直近の決算でも実施状況が問われるものであり、効果測定はマストです。決算の説明で困らないように、予算の段階からの投げかけが重要です。


## ▶今後の執行方法の再検討を促す

　必要性や緊急性が高いために予算化する事業の中には、執行方法に課題があり、将来的な財政負担増が見込まれるものもあるでしょう。

　例えば、個別に専門的な支援が必要な小学生に対し、学校ごとに専門職員を配置する方法で実施する事業の場合では、対象児童が分散的に発生すると、学校ごとの配置により財政負担の著しい増加が見込まれます。

　このようなケースでは、基幹的な学校に専門職員を配置して周辺学校に派遣する方法で、専門職員数を必要最低限にしつつ効果を発揮できないかなど、**将来的な執行方法の検討を提案することもできます**。

　将来的な財政需要の視点は、財政課担当も見落としがちです。事業開始の早期の段階から、将来像の検討を促すことも大切な視点です。


**｜Point｜**━━━━━━━━━━━━━━━━━━━━━━━━━━●

予算計上は住民にとってはスタート。税金の使途として説明ができるよう効果測定はマストと心掛けよう。将来的な財政需要の視点も大切に。

# 税金を使うことの意義を噛みしめる
## （インタビュー：元財政課担当 B さん）

### 財政課に配属が決まった時はどう思いましたか

　予算の「よ」の意味すら知らない自分に果たして何ができるのか、先輩に聞いても「君なら大丈夫だ」と笑みを浮かべて言われ、とにかく不安しかありませんでした。

### 予算査定時に印象深かったことはありますか？

　配属 1 年目の残業時間のことですが、先輩が独り言で「税金をなんだと思っているんだ……」と、結構な頻度で所管課の見積もりに対してぼやいていました（笑）。

　それと、切り込んだ査定案が心配で先輩に相談した際、「所管と直接膝を合わせて伝え、調整してみな。課長が言う『予算は所管課と財政課で作るもの』は、そういうことだよ」と言われたのを今でも覚えています。

　『予算は一緒に作るもの』を体現した結果、所管課とは予算業務以外でも意思疎通が図れるようになり、お互い納得感のある仕事につながったと思っています。

### 後輩の財政課担当者に伝えたいことはありますか？

　「税金を使うとはどういうことか」という感覚は、多くの財政課担当が意識してほしいと思います。皆さんの給料も税金から支払われています。税金だからこそ、公平、公正、平等な判断が必要です。

　また、自分に慢心せず、議論を重ねてお互い納得する、そのために自分の理解力を高めることは、財政課で染み付いたもので、どんな仕事でも使えるスキルだと思います。

## 第4章

# 焦らない分野別の
# 査定のポイント

ここだけ押さえる！

# 要求種別ごとの査定のポイント
## ～査定の引出しを増やすために～

### ▶経常的経費の査定のポイント

　基本を押さえた上で査定の引出しを増やすことを念頭に置くと、効率的なヒアリングができます。実践的なポイントをいくつか紹介します。

　経常的経費は、現状の自治体運営に要する全ての経費が要求されます。

　各課の事務諸経費や、市有施設の維持管理運営に要する経費をはじめとして、サービスの給付や相談事業などの社会保障関係経費、団体運営や特定の取組みに対する補助金など、まさに多種多様です。

　基本的に増額傾向の社会保障関係経費を除き、現状維持の経費が多いため決算ベースの査定となり、前年度の見積資料に書かれた前任者の査定手法を参考にすれば、執行段階で致命的な支障は生じないはずです。

　ヒアリング時には、「前年度の査定の手法で、何か大きな問題が生じたか」などを所管課に確認をとり、落ち着いて粛々と査定をします。もし、「この査定では厳しくて今年度は不足が生じた」などの問題が生じていれば、査定手法と不足理由を確認し、直近の決算を考慮した査定をすれば問題ないでしょう。具体的な分析の仕方や手法は後述します。

### ▶臨時的経費の査定のポイント

　臨時的経費は、実施計画に位置付けられた様々な新規・拡充事業や地方債を財源とした建設事業などが要求されます。

　臨時的経費の査定の最大のポイントは「予算計上すべきか否か」「効

果が得られる最小限の予算はどの程度か」の2点になります。

　配属1年目では、臨時的経費の全てが初見であり焦ることもありますが、まずは基本的なヒアリング内容（p.44）を念頭に置きつつ、前年度と類似の要求の場合（毎年順番に施設の改修や建て替えをする場合等）は、前年度の査定資料や聞き取る項目を参考にするなど、ゼロベースからの作業にならないよう効率化を意識してください。

　また、新規・拡充事業といえども、査定の手法や考え方については、一定のパターンに分けられることもありますから、後述する本書での事例も参考にしながら、過去の査定資料にもできるだけ目を通して、査定業務の省力化にも努めましょう。**ゼロベースでの査定・資料作成をいかに減らすかも、臨時的経費の査定のポイント**です。

## ▶まずは基本を意識して地に足をつける

　焦らずに落ち着いて査定をするためには、まずは基本に忠実にヒアリング・査定作業を行うよう意識することが大切です。経常的経費は決算ベース、臨時的経費は前述の基本的なヒアリング内容が基本です。

　基本に忠実になることで、聞き取る項目の漏れを防ぐことができるほか、繰り返すことでヒアリングや査定作業のスピードも向上しますから、応用的な要求に対して少しゆとりをもって考える時間を作り出すことができます。

　また、**査定の基本を押さえた上で、実践的・具体的な査定の引出しを増やしていく**ことにより、自分自身の理解も深まりますし、上司などへの査定の説明もスムーズになり説得力も増していきます。

　基本を意識してじっくりと地に足をつけ、過去の様々な査定手法に触れることにより自分で考えることができるようになり、全く新しい事業の要求にも的確に対応できるようになるはずです。

　それでは、次頁以降で具体的な査定手法を紹介していきます。

## Q24 【経常－歳出】 事務諸経費はどのように査定する？

**A** 徹底した決算ベースの査定を心掛けましょう。決算ベースの査定がなじまない場合は、経費比較による理論武装が必要です。

## ▶事務諸経費は心を鬼にして

事務諸経費には、事務消耗品や車両関連経費、事務補助会計年度任用職員の雇用経費や外部会議の参加負担金など、様々な経費があります。

基本的には、経年で増減が見込まれる経費ではないため、過去の決算額を把握した上で、決算ベースによる査定をします。

査定に充てられる時間には限りがあります。事務諸経費は、あまり細かいことにこだわらず、**心を鬼にして決算ベースの査定に徹し、整理に時間をかけないことが大切**です。ただ、査定の余地があまりないことも多いため、「査定しなければならない」という強迫観念にとらわれず、「予算をつけることも査定」であることを念頭に置きましょう。

## ▶決算ベースの査定がなじまないものもある

経常的経費の要求でも、数年に一度購入が必要なものなど、決算ベースの査定がなじまないものがあがってきます。例えば、在庫不足による数年分の部数のパンフレット作成経費の要求、議事録作成の外部委託への切替え、古い車両の所有からリースへの切替えなどが挙げられます。

このような要求は、上司査定では個別に説明が必要で予算化のための

理論武装が求められることから、あまり時間をかけたくない経常的経費で要求されると、はじめのうちは焦って手こずることもあります。

　既存の予算の執行方法を変えるという変化球的な要求は、**「最少の経費で最大の効果を」の原点に立ち返り、経費比較によるチェックを心掛けると、地に足のついた合理的な査定**につなげることができます。

　具体的には、パンフレットの作成は１年分と３年分の費用を比較するとどの程度のコストメリットがあるのか。議事録作成は会議１時間あたりの作成費用を職員と外部委託で比較してどちらが安価なのか。車両の所有からリースへの切替えは、燃費や修繕料なども考慮した複数年トータルの費用を比較するとどちらが費用を安く抑えられるかなど、変化球への対応は、焦らず落ち着いて、変更前後の経費を比較することで査定の道筋が見えてくるでしょう。


## ▶枠査定で良いケースもある

　事務諸経費では、鉛筆１本単位で査定するよりも、例えば消耗品で一定の枠を設けて査定する方が合理的とも言えます。一方で、「予算査定は、積み上げであるべきで、数字を丸めてはいけない」との意見も少なからずあります。しかしながら、制度改正や事業の細分化などが頻発する現状において、限られた時間や職員数で全ての経費を積み上げにより査定することは、査定し切れずに非合理的との意見もあります。

　そのような実情を踏まえ、効率的かつメリハリのある査定作業のため、一部の経費では、節・細節ごとの枠による査定も行われる自治体もあります。自治体の方針によりますので、周囲の先輩に確認しましょう。


**┃Point ┣━━━━━━━━━━━━━━━━━━━━━━━●**

**事務諸経費は査定に時間をかけないこと。変化球的な要求にも、焦らず原点に立ち返れば的確に対応できる。**

**Q25 【経常－歳出】 施設維持管理運営費はどのように査定する?**

**A** 事務諸経費と同様、基本は決算ベースの査定となりますが、最低賃金の推移や類似施設との比較など、考慮すべき事項もあります。

## ▶施設管理経費は決算ベースでも留意点がある

施設維持管理運営に係る諸経費は、施設の清掃業務や警備委託、設備機器の保守点検など、委託料が経費のメインです。

査定は、**契約額又は発注額の決算ベースを基本**として、以下のような点にも留意して的確な査定額を作ります。

・**最低賃金などの人件費の推移をチェック**。人件費が増加傾向である場合、契約実績額等に一定の増加分を加味する必要あり。

・清掃業務委託等は、**対象範囲の面積単価を類似施設と比較**して決算額に差があれば、仕様の内容を査定できる可能性あり。

・年度当初に契約が集中する場合、契約額実績の査定では発注困難となるため**発注額ベースの査定とする**など、配慮が必要なケースあり。

## ▶光熱水費は因数分解を

施設使用のための電気、ガス、水道の使用に係る経費です。

査定は、決算額のみではなく、**決算額を分解し「量」（使用量）と「単価」（平均単価）の経年推移を分析**すると、より合理的な査定ができます。

例えば、異常気象でエアコンの使用頻度が例年よりも多いなどの特殊

要因がある場合、決算額のみによる査定では「量」を反映しておらず的確とは言えません。図表4－1のように分析すると良いでしょう。

なお、多数の施設を管理する所管課では使用量を把握していない場合もあり、短時間での使用量実績を求めるオーダーは所管課の過度な負担になりかねないため、手元の数字での査定に留めるなど、柔軟に対応しましょう（次年度に向けてデータ管理を促す必要はあります）。

●図表4－1　電気料の査定例　　ヒアリングで特殊な事情によるエアコン使用量の増加を確認
要望）R3見込み程度の電気料による見積もり
→　査定）使用量及び単価を過去3か年実績平均に査定（H30～R2決算）

|  | 単位 |  | R4査定 | R4見積 | R3見込 | R2決算 | R1決算 | H30決算 |
|---|---|---|---|---|---|---|---|---|
| 電気料 | 千円 | A | 1,808 | 2,000 | 1,990 | 1,820 | 1,819 | 1,782 |
| 使用量 | kWh | B | 55,800 | － | 60,500 | 56,000 | 56,500 | 55,000 |
| 平均単価 | 円 | A/B | 32.4 | － | 32.9 | 32.5 | 32.2 | 32.4 |

## ▶修繕費には予算のつけ方に特色がある

修繕費は、施設の外壁や設備機器などの修繕に要する経費で、施設を使用する住民の安全を守るためにも必要なものです。また、施設の延命化のための大規模改修などは臨時的経費で見積もるルールの自治体もあります。

故障や破損してから修繕するなどで**決算額にバラツキが見られる場合は、過去数年間の決算額平均などによる査定**で良いでしょう。

一方で、老朽化が顕著で**決算額が右肩上がりの場合は、ひとまず直近決算額程度を予算化**するなど、一定の配慮を要することもあります。

自治体の方針によって予算のつけ方に特色がある経費でもあります。

**┃Point ┣**━━━━━━━━━━━━━━━━━━━━━●

決算額のみに捉われていては説得力のない査定になり得る。外的要因も考慮して構成要素の傾向を分析し、実態に即した査定を目指そう。

## Q26 【経常－歳出】社会保障関係経費 ①扶助費等はどのように査定する?

**A** 歳出予算の多くを占める、経常的経費の予算査定の中でも「肝」となる経費です。財政課担当の「査定の腕の見せ所」とも言えます。

## ▶扶助費査定の基本的な考え方

扶助費には、児童手当や生活保護などの現金給付のほか、障害者支援や保育など福祉サービスの提供事業者に支払う運営費などの経費があります。多くが法に基づき支払わなければならない「義務的経費」です。

決算額の構成要素は、大きく分けて「サービスの利用者数」と決算額を利用者数で除した「1人あたり平均単価」の2点です。

査定では、**決算額**（直近の決算見込みを含む）のみではなく、利用者数や平均単価などの増減数・率の経年推移を把握し精査した上で、その増減を的確に反映させた**数量査定**が基本です。

## ▶利用者数は背景を捉える

サービスの利用者数の査定は、利用者数が過去数年間で一貫した増加又は減少の傾向がある場合は、その傾向を踏まえて査定します。また、利用者数が一貫した増傾向であっても増減率が一定ではない場合は、増減率を査定することができます（図表4－2①）。減の場合も同様です。

一方で、各年度で増減に一貫性がない場合は、過去の利用者数の実績平均や直近実績による査定ができます（図表4－2②）。

●図表4－2

①増加傾向にある場合の査定例（増減率が一定でない場合）

要望）増減率を過去実績の最大値により見積もり（＋3.6%）

→　査定）増減率を直近の R3 見込みに査定（＋2.0%）　　　　　　　　　　　　　（単位：人）

| | R4 査定 | R4 見積 | R3 見込 | R2 実績 | R1 実績 | H30 実績 | H29 実績 |
|---|---|---|---|---|---|---|---|
| 利用者数 | 47,000 | 47,750 | 46,100 | 45,200 | 43,900 | 42,800 | 41,300 |
| 増減数 | 900 | 1,650 | 900 | 1,300 | 1,100 | 1,500 | 1,400 |
| 増減率 | ▲ 2.0% | ▲ 3.6% | 2.0% | 3.0% | 2.6% | 3.6% | 3.5% |

②増減にバラつきがある場合の査定例

要望）利用者数を過去 5 か年実績平均により見積もり（H29 ～ R3、網掛け部）

→　査定）利用者数を過去 3 か年実績平均により査定（R1〜R3、太枠部）　　　　（単位：人）

| | R4 査定 | R4 見積 | R3 見込 | R2 実績 | R1 実績 | H30 実績 | H29 実績 |
|---|---|---|---|---|---|---|---|
| 利用者数 | 15,200 | 15,600 | 15,100 | 16,000 | 14,500 | 15,400 | 16,900 |
| 増減数 | 100 | 500 | ▲ 900 | 1,500 | ▲ 900 | ▲ 1,500 | 1,200 |
| 増減率 | 0.7% | 3.3% | ▲ 5.6% | 10.3% | ▲ 5.8% | ▲ 8.9% | 7.6% |

　また、利用者数の増減の傾向は、一歩踏み込んで**その背景や水準まで**
**を把握するクセを**付けましょう。

　例えば、介護保険サービスの利用者数が増加している要因が「高齢者
数の増加に伴う要介護者数の増加」だとします。このような場合、「な
ぜ高齢者数が増えるのか。高齢者数のうち、要介護者数の割合はどの程
度なのか」までを聴取しましょう。高齢者数の増加は当たり前のような
気もしますが、自治体の年齢別の人口統計から具体的に数字を確認した
り、高齢化率や要介護者数の割合の推移を把握したりするなど、**主観を**
**取り払い、一歩踏み込んで具体的に背景を捉えることで、数量査定の説**
**得力を高めることができます。**

　なお、児童手当などの現金給付や福祉サービスの供給量が十分な場合
は、事業費と利用者数の増減は連動します。一方で、供給量が不足する
場合は、サービス事業所の新規立上げなどの供給量が影響するため、供
給側の動向も把握した上で査定する必要があります。

## ▶平均単価は変動要因を把握

　決算額をサービス利用者数で除したものを１人あたりの扶助費の平均
単価とします。

　平均単価の変動要因は、国が定める報酬単価の改定によるものや、介
護保険であれば要介護度、保育所等であれば定員区分や入所児童の年齢
区分の変動によるものなど、制度によって様々です。

　平均単価は、「介護保険の保険給付費は要介護度が重いほど高く」なり、
「保育所等の公定価格は定員区分が大きくなるほど低くなり、入所児童
の年齢が低くなるほど高く」なります。こうした制度の仕組みを理解し
て経年推移を捉えると、平均単価の査定まで踏み込むことができます。

　扶助費は、**制度のスキームをしっかり理解しなければ、所管課とも対
等な議論ができず、実態に即した的確な査定もできないほか、上司から
のつっこみにも耐えられない**と心得てください。

　なお、利用者数と平均単価の査定を掛け合わせると、図表４－３のよ
うな査定となります。

●図表４－３

※利用者数の増減率にバラつきがあり、平均単価の増減率が減少傾向にある場合
要望）R3 決算額見込に過去３か年平均増減率を乗じた見積もり（＋7.6％）
→　査定）利用者数の伸び率を過去３か年平均（＋5.8％）、平均単価の伸び率を
　　　R3 見込み（▲0.3％）に査定

平均 7.6%

| | R4 査定 | R4 見積 | R3 見込 | R2 実績 | R1 実績 |
|---|---|---|---|---|---|
| 決算額 | 59,030 千円 | 60,250 千円 | 56,000 千円 | 53,000 千円 | 50,000 千円 |
| 　増減率 | 5.4% | ▼ 7.6% | 5.7% | 6.0% | 11.1% |
| 利用者数 | 7,510 人 | 7,600 人 | 7,100 人 | 6,700 人 | 6,300 人 |
| 　増減率 | ▲ 5.8% | 7.0% | 6.0% | 6.3% | 5.0% |
| 平均単価 | 7,860 円 | 7,928 円 | 7,887 円 | 7,910 円 | 7,937 円 |
| 　増減率 | ▲▲0.3% | 0.5% | ▲0.3% | ▲0.3% | 5.8% |

平均 5.8%

## ▶俯瞰的な視点も必要

　扶助費は個別の事業ごとの査定が基本ですが、**複数の事業間で利用者数に関連があるものは、利用者数を合算して傾向を分析することで、より俯瞰的な査定が**できます。「木」を「森」として見るわけです。

　例えば、①０歳児を対象とするＡ施設、②１歳以上児を対象とするＢ施設、③18歳までの児童を対象としたＣ事業、があり、①⇒②・①⇒③・②⇔③のように利用者の移行がある場合、①～③の利用者数の合計を経年推移で把握すると、関連事業全体の傾向を分析できます。

　このような場合は、全体の利用者数を精査した上で、①～③それぞれの利用割合等で按分して振り分ける査定でも合理的と言えます。

　やや応用編ですが、個別の事業にフォーカスするだけでなく、**大所高所から制度全体を眺める視点を持つことで、査定レベルが向上します。**

## ▶単独扶助費は検証を徹底する

　扶助費の多くは国の法令で定められる義務的経費ですが、中には自治体独自の制度や国の単価に上乗せするなどの「単独扶助費」もあります。

　法定扶助費は国庫補助負担金対象になる事業が多いですが、単独扶助費の財源は、自治体独自の取組みのため全額一般財源（住民税等）です。

　自治体による任意の事業であることから、毎年検証が必要です。**ただ漫然と過去の実績件数等に基づき予算化するのではなく、目的に対する効果検証や他自治体の実施状況・水準と比較する**など、事業実施の妥当性等を精査しましょう。

**| Point |**━━━━━━━━━━━━━━━━━━━━━━━●

扶助費の査定は、制度の理解と経年推移の分析がマスト。増減の背景までを捉えて説得力のある査定を。大所高所からの視点も念頭に。

## Q27 【経常－歳出】社会保障関係経費②扶助費等以外はどのように査定する?

**A** 各種相談関係経費は相談件数や内容を把握しましょう。関連事務費も漏れなく査定し、歳出に連動する財源の査定や新たな財源のチェックも必要です。

## ▶相談関係経費は執行状況をチェック

相談関係経費には、生活困窮や福祉サービスの利用に関する相談、産前産後のケアや不登校に関する相談など、多岐に渡る専門相談に対応するための経費があります。

また、自治体が直接有資格者を雇用して実施する場合の人件費や、民間事業者に委託して実施する場合の委託料などがあります。

経常的経費では、現行体制の維持のための要求が基本のため、**あまり査定の余地はないかもしれません**が、「最少の経費で最大の効果を」を念頭に、相談員1人あたりの年間相談件数や、相談1件あたりのコストの経年推移をチェックするなど、**効率的に事業が実施されているかどうかの確認はするべき**です（図表4-4）。

チェックした結果、過去の実績と比較して非効率な状況であれば、現行体制がダブついている可能性があり、相談員の人数の査定につなげられます。

なお、相談員の増員や各種相談センターの増設などは臨時的経費で要求されます。関連事業の相談件数の実績の推移や主な相談内容の内訳、対応方法（電話、対面等）などは、臨時的経費で査定する上での基礎となるため、経常的経費の段階で確実に把握しておきましょう。

●図表4－4

相談件数等の推移

| | | 単位 | R3 見込 | R2 実績 | R1 実績 | H30 実績 | H29 実績 |
|---|---|---|---|---|---|---|---|
| 相談員数 | A | 人 | 4 | 4 | 4 | 3 | 3 |
| 事業費 | B | 千円 | 10,000 | 10,000 | 10,000 | 7,500 | 7,500 |
| 相談件数 | C | 件 | 3,100 | 3,500 | 3,900 | 4,500 | 3,600 |
| 相談員1人あたりの件数 | C/A | 件／人 | 775 | 875 | 975 | 1,500 | 1,200 |
| 1件あたりのコスト | B/C | 円／件 | 3,226 | 2,857 | 2,564 | 1,667 | 2,083 |

【分析】

　H30年に相談件数が著しく増加したためR1に相談員を増員しましたが、その後相談件数が減傾向となっているケースです。このため、相談員1人あたり件数が減、1件あたりのコストが増となり、H29実績と比較して非効率な執行になっています。現在の運用状況を詳しく聞き取る必要があります。

## ▶関連事務費の査定も忘れずに

　現金給付の銀行への振込手数料や、福祉サービス費等の請求書の審査手数料、通知文書の印刷・発送など、社会保障経費に付随する経費です。手数料や印刷製本費、通信運搬費や委託料などがあります。

　これらの要求は、現金給付や福祉サービス費用などの社会保障経費の本体に連動した利用者数を積算根拠とすることが多いため、**本体の利用者数の査定に応じた数量査定**をします。

　なお、利用者数だけでなく、印刷費用の単価などの積算根拠も確認し、決算ベースなどによる**単価査定もお忘れなく**。

## ▶歳出予算に連動する特定財源

　社会保障関係経費のうち、国や県から一定の割合で負担金や補助金が交付される事業については、歳出予算とあわせて国庫支出金や県支出金などの歳入予算が見積もられます（歳入予算ですが、歳出予算との関連が深いため歳出のページで解説します）。

　このような歳出予算を査定する際は、予算案としてのバランスを図る

ため、連動する歳入予算も漏れなく査定する必要があります。

●特定財源の査定

　歳出予算に連動する国庫支出金等は、補助金交付要綱等に対象経費や負担割合が示されているため、これらの**根拠資料を確実に入手**します。

　また、歳出予算の査定に注力して忘れがちですが、**歳入予算の積算根拠も漏れなくヒアリング**しましょう。

　歳出予算を的確に査定できたとしても、歳入予算の積算方法を聞き漏らすことで正しく査定できなければ、「本当に事業のスキームを理解しているのか？」と所管課の信用を損ねるだけでなく、予算案の議会説明時に所管課がほぞを噛む状況になりかねません。

●国の概算要求の状況は？

　国は、例年8月末頃に来年度予算の概算要求資料を公表します。この資料に目を通してみると、「新規」「拡充」などの冠に気が付くはずです。

　所管課は、国の概算要求に呼応した新規・拡充事業を臨時的経費で要求することが多いですが、一方で、**既存の単独事業（単独扶助費）が新たに国庫補助等の対象となる場合は、自治体の予算でも新規で歳入予算を見込む**ことができます。

　所管課も歳入確保に努めなければなりませんが、歳出予算の確保が最優先で、既存事業の財源確保は見落としがちであることも現実です。

　財政課担当は、予算査定期間に突入する前に、**あらかじめ概算要求資料に目を通して国庫補助事業の内容や仕組みを理解して所管課と共有し、漏れのない歳入確保に努める**ことが大切です。

| Point |

既存事業であっても執行状況のチェックは忘れずに。特定財源の査定はもちろんのこと、新たな歳入確保の可能性も念頭に。

# 【参考資料】

国の概算要求資料における「新規」「拡充」の事例

● 「新規」の事例

(3) 消防団や自主防災組織等の充実強化　　　**8.1億円＋事項要求**

(a) 消防団員の処遇等に関する検討会の議論を踏まえた
地域防災力の充実強化に向けた取組の支援等

① 消防団の力向上モデル事業　2.5億円【新規】

　　社会環境の変化に対応した消防団運営を促進する
るため、災害現場で役立つ訓練の普及、子供連れ
でも安心して活動できる環境づくり、幅広い意見
を反映した団運営、企業・大学等と連携した加入
促進などの分野におけるモデル事業を実施

資機材取扱訓練（宮崎市）

救護救出訓練（尼崎市）
【災害現場で役立つ訓練(例)】

子連れ巡回活動
（横手市）

プロスポーツチームと連携した
加入促進事業（広島市）
【子連れでの消防団活動(例)】【企業等と連携した加入促進(例)】

※令和4年度消防庁予算概算要求について（一部抜粋）

● 「拡充」の事例

**3. 多様な保育の充実**

（令和4年度概算要求額）　　　　（前年度予算額）
109億円＋事項要求（　　　　110億円）

　医療的ケアを必要とする子どもの受入体制の整備や家庭的保育における複数の事業者・連携施
設による共同実施の推進等、様々な形での保育の実施を支援する。

（1）医療的ケア児保育支援事業【拡充】（P27参照）（保育対策等総合支援事業費補助金）
　　医療的ケアを必要とする子どもの受入体制の整備を推進するため、保育所等における看護
師の配置や、保育士の喀たん吸引等に係る研修の受講等への支援を実施する。
　　令和4年度概算要求においては、体制整備を行おうとする市町村への支援を強化するため、
補助率の引き上げを行う（1/2→2/3）。

【実施主体】　都道府県、市区町村
【補助基準額】基本分単価 ①看護師等の配置　　　　1施設当たり　　5,290千円
　　　　　　　加算分単価 ②研修の受講支援　　　　1施設当たり　　　300千円
　　　　　　　　　　　　 ③補助者の配置　　　　　1施設当たり　　2,170千円
　　　　　　　　　　　　 ④医療的ケア保育支援者の配置　1市区町村当たり　2,170千円
　　　　　　　　　　　　　（喀痰吸引等研修を受講した保育士が担う場合、130千円を加算）
　　　　　　　　　　　　 ⑤ガイドラインの策定　　1市区町村当たり　　560千円
　　　　　　　　　　　　 ⑥検討会の設置　　　　　1市区町村当たり　　360千円
【補助割合】　国：2／3《拡充》、都道府県、指定都市、中核市：1／3
　　　　　　　国：2／3《拡充》、都道府県：1／6、市区町村：1／6

※令和4年度保育関係予算概算要求の概要（一部抜粋）

# 【経常−歳出】
# その他の経費の査定のポイントは?

**A** 補助金などの査定も基本的には決算ベースです。応用問題や外的要因による要求は、丁寧なヒアリングで簡潔明瞭に上司に報告しましょう。

## ▶補助金の効果のチェックは入念に

補助金には、自治体以外の団体等が実施する特定の事業に対して財政支援を行う「事業補助」と、公益性のある団体の運営費用を補助する「団体運営補助」があります。また、補助金は、公益上必要があるものに交付することができることとされています（地方自治法232条の2）。

補助金の財源の多くが住民の税金で賄われているものの、**目的に対する効果が曖昧になりやすいのが実態です。それに備え補助金の交付指針や運用適正化の方針を定めている自治体もありますので、あらかじめ目を通しておきましょう。**

また、厳しい姿勢での査定も大切ですが、補助金は、**「予算の範囲内で補助」**するものであるため、過度に厳しくすることで明らかな執行困難とならないよう、節度をもった査定も心掛けましょう。

### ●事業補助の査定

事業補助は、決められた補助単価に件数等を乗じた金額が要求額となることが多いため、扶助費と同様、**件数や単価の傾向を踏まえた決算ベースによる査定で良いでしょう。**

また、近年の実績が低調な場合は、所管課がその状況をどのように考えているかを聴取しましょう。もし、**補助目的を達成しつつあるのであ**

れば、制度の見直しや廃止を投げかけることができるかもしれません。

●団体運営補助の査定

　団体運営補助のうち、昭和の時代から長期間に渡り補助しているケースでは、補助の必要性が希薄となっていることもあるため、**補助のあり方を検証すべき**です。補助団体の**収支決算書を入手して補助金への依存度をチェック**しましょう。

　例えば、補助団体の翌年度への繰越金の方が自治体からの補助金よりも大きい場合、「団体としての自立度が高く、自治体からの補助がなくても団体運営に支障がないのでは？」と指摘することもできます。

　関係者との丁寧な調整を要する補助金は、予算編成という限られた時間で見直すことが困難なため来年度以降の課題に留めたり、また、補助すること自体に様々な事情が背景にあったりします。

　財政課担当としては、まずは聖域なき課題として捉え、疑問を持ちつつ予算化したとしても、上司査定では、客観的な意見もしっかり報告しましょう。判断は上司がしてくれます。

　なお、**補助団体に自主財源があり、かつ、自主財源の額が補助金額に影響する場合は、自主財源も査定対象**です。積算の考え方や経年推移を踏まえ自主財源を増額査定することで、補助金を減額査定できます。

## ▶イベント開催経費は効果検証が難しい

「○○祭り」や「△△フェスティバル」など、各所管課で開催するイベントに要する経費は、従事職員の人件費、会場設営や警備業務委託、著名人を招くための報償費など、内容や実施方法によって様々です。

　イベントの開催は、定量的な効果指標の設定が難しく、目的に対する効果が不明瞭なケースもあり、効果検証が難しい経費の一つです。

　とはいえ、過去に一定の意義や効果が認められ、首長の意思決定を経ていることから、効果検証の困難さだけをもって開催自体を否定するこ

とはできませんが、**過去数年分の参加者数等の実績を把握し、近年の傾向を捉え、事業規模や実施方法等を検証**することはできます。

具体的には、参加者1人あたりのイベントコストを算出して他のイベントと比較したり、参加者数が低下傾向であれば事業規模の縮小を提案したり、他の類似イベントとの抱き合わせによる開催を投げかけたりするなど、色々な査定の手法が考えられます。

ただし、団体運営補助と同様、地域住民や関係者との関わりが深いイベントもあるため、思い切った査定をする場合は、その影響を事前に所管課から十分に聴き取るなど、丁寧な事前調整が必要です。

## ▶経常的経費の要求はとにかく幅広い

経常的経費では、これまで述べてきた主要な経費のほかにも、自治体が恒常的に実施するあらゆる事業や取組みに要する経費が網羅的に要求されますが、基本的には「決算ベース」の査定とし、執行方法の変更等の応用問題は「変更前後の経費比較」により査定します。

また、「地域住民から強い要請があり今年度は内部対応で執行したが、来年度も継続したい」「バス運転手の労働環境の社会問題化を契機に従業員の処遇改善を図るとの業者見積もりを踏まえて、増額要求したい」などの外的要因を契機とした要求もありますが、丁寧にヒアリングをして、上司査定では皆さんなりの考え方を伝えましょう。

経常的経費は、要求内容の幅広さに目が回るかもしれませんが、**地道な決算ベースの査定を基本に、納税者である住民の視点に立って必要性を考えれば、自ずと査定の方向性は見えてくる**はずです。

## ┃Point ┣

補助金やイベント経費の強めの査定は所管課との事前調整が必須。その他の経費も、基本的な査定手法で地道に乗り切ろう。住民目線も大切に。

# 【参考資料】

●その他の歳出・歳入予算の視点

【歳出予算】

---

■物件費

・印刷物・刊行物等は、仕様を精査（白黒とカラーの別、紙の厚さ、
　内部印刷への切替え等）できないか。

・長期間、随意契約で実施している事業は、競争原理の働く入札の
　導入を検討できないか。

・研修やイベントを委託で実施する場合、人件費や講師・著名人へ
　の報償費は、自治体の単価水準と比較して妥当か。

■補助費等

・負担金が生じる協議会等への加入は法定か任意か。任意の場合、
　参加するメリットはあるか。メリットがなければ退会を検討できない
　か。

---

【歳入予算】

---

■公共料金（公の施設の使用料やサービスの利用料等）

・長期間改定が行われていない場合、現行料金の水準は適正か。

・適正でなければ、料金改定をすべきではないか。

■財産収入

・利用用途のない公有施設やスペースがある場合、外部への貸付け
　により収入の確保が見込めないか。

■広告料収入（ネーミングライツ含む）

・市有施設やパンフレットなどが広告媒体となり得ないか。

---

## Q29 【経常－歳入】 歳入も査定を行えるのか？

**A** 自治体の予算では歳出が注目されがちですが、本来は歳入ありき。歳入も増減の傾向を捉えて査定し財源を確保します。主要債権の徴収対策は要チェック。

## ▶歳入予算の査定の考え方

　歳入には、住民税や歳出に連動する国・県支出金、公の施設の使用料のほか、各種債権の延滞金収入など様々なものがあります。

　とはいえ、自治体の予算は、「多様な住民ニーズに対応するため○○事業を新たに実施します」「現状の課題の解決を図るため◇◇事業を拡充します」など、とかく歳出予算がクローズアップされがちです。

　しかしながら、十分に財源が確保されなければ、新規事業の立上げや拡充もできないほか、既存事業の執行もままなりません。

　予算は、歳入と歳出が均衡する状態で組まれることから、**原則は「歳入あっての歳出」であり、自治体の身の丈に合った予算が理想**です。そうは言っても社会情勢や住民ニーズを考慮すると、どう頑張っても歳入予算が不足する場合があり、致し方なく財政調整基金（いわゆる貯金）を取り崩して予算を組んでいる自治体もあります。

　このため、財政課担当は、**歳出の査定だけではなく、歳入（歳出予算に連動しないもの）も査定で確保する気概を持つことが大切**です。

　例えば、公有施設の使用料では、まずは条例等に規定する料金単価を確認し、利用者数等の経年推移を分析します。所管課によっては、歳入予算の積算がおろそかな場合もあるため、これらを検証しつつ、**所管課**

が対外説明に窮しない範囲で、歳入の「増額査定」にトライしましょう。

　歳入は、決算が予算を下回ると財源に穴が開くため、増額査定には不安もありますが、自治体の予算全体では、契約差金などにより歳出決算にもある程度の不用が出ます。事前に担当部局全体の歳出決算の不用額等を把握しておけば、不安も払拭されるでしょう。

　なお、住民税や土地売払い収入については規模が大きく管理職マターの調整事項である自治体も多いでしょうから、本書での解説は割愛します（住民税に関しては6章で触れます）。


## ▶徴収目標との整合性をチェック？

　自治体の首長は、住民税や下水道使用料、国保保険料等の債権について「督促、強制執行その他その保全及び取立てに関し必要な措置をとらなければならない」とされています（地方自治法240条2項）。

　現実的には滞納者は相当数おり、徴収率は100％ではなく、財政運営上は、当該年度の滞納分を他の一般財源で補填しています。

　このような状況を改善し住民負担の公平性を高めるため、自治体によっては債権管理対策本部などを設置して主要債権の徴収率の目標を定め、徴収対策の強化を図っています。

　徴収目標に基づき歳入予算が要求されるため、目標値との整合性をチェックし、徴収対策（歳出）の内容等も確認しておきましょう。

　幹部職員による議論を経た目標値のため、基本的に査定は困難ですが、もし増額査定ができると判断した場合は、対外説明に影響があるため、所管課との事前調整や上司査定での報告は必須と言えるでしょう。

**┃Point┣**

歳出予算を査定するのは当たり前。歳入予算も漏れなく無理なく増額査定する気概を持とう。債権管理の取組みは尊重を。

## Q30 【臨時－歳出】 普通建設事業費はどのように査定する?

**A** 建設事業の査定と上司への説明には現場確認が必須です。進捗状況に応じて予算額を精査するとともに、財源確保も念頭に置きましょう。

## ▶まずは現場に足を運ぶ

臨時的経費では、学校施設の外壁やトイレ等の環境改善、都市計画道路の整備や市街地の再開発、清掃工場の大規模な設備改修など、多種多様な建設工事の経費が要求されてきます。

財政課担当の多くは事務職で、建設工事費の査定と言われても「専門的知識がないからよく分からない」と言いたくなりますが、そうであっても所管課の要求内容を上司や首長に説明し、査定をしなければならないのが皆さんの立場です。

具体的な査定手法は追って解説しますが、**所管課の要求理由や工事内容を説明するには、何よりもまずは現場に足を運ぶことが大切**です。所管課担当者と調整して、できるだけ予算編成期間に突入する前に現場を見学する時間を設けましょう。

設備の老朽化が著しいならば住民目線で見てどうなのか、道路の渋滞が激しいならばどの程度なのか、など、資料を読むのと現場を見るのとでは、感じ方や理解度が変わるのは火を見るよりも明らかです。

上司・首長査定では、皆さんが所管課の代弁者として現状の問題点や整備内容を具体的に説明するわけですが、現場を見ていると説得力が格段に上がります。**建設工事の査定は「現場必見」**です。

## ▶工事費の妥当性は過去の実績単価をチェック

　建設工事の見積額は、業者の参考見積もりや工事費積算システムなどにより積算されますが、財政課担当の査定の基本的な視点は「類似工事の実績との比較」です。

　老朽化施設の計画的な建替えや設備の更新、道路整備などは全く新しい工事ではなく、過去に類似の工事実績があるはずです。

　このような経費は、**発注実績の延床面積等から㎡単価などを算出することにより、要求額の妥当性のチェック**ができます。

　例えば、消防団器具置場の計画的な建替えなど、類似の仕様で施設を整備する建設工事の場合は、延床面積が異なっていても、過去の発注実績㎡単価を基に査定することができます（図表4-5）。

　なお、例年と同様の建設工事でも、アスベスト対策や排水管の追加工事を要するなど例年と異なる工事が必要な場合や、労務単価が増加傾向である場合などは、過去の実績のみによる査定では妥当性に欠けるので、実績額に所要額を上乗せした査定が必要でしょう。

### ●図表4-5
消防団器具置場の建替えの要求と査定の例

|  | 要求額 | 査定額 | R1 実績 |
|---|---|---|---|
| 地区 | ○○地区 | | △△地区 |
| 現状 | 老朽化著しい<br>トイレなし→整備 | | 老朽化著しい<br>トイレなし→整備 |
| 延床面積 | 60.5㎡ | | 80.0㎡ |
| 事業費（千円） | 20,000 | 18,000 | 23,000 |
| ㎡単価（千円） | 330.6 | 297.5 | 287.5 |

査定）㎡単価をR1類似実績に査定（労務単価等の増は考慮）

## ▶継続事業は進捗状況を確認する

　建設工事の中には、工事自体が単年度で完了せず複数年度に渡る事業も多くあります。

　このような経費は、終期を決めなければならないものは継続費を組んで毎年度粛々と予算化しますが、国庫補助の内示状況や地方債の発行規模などの財政事情を踏まえて毎年度予算額を精査するものもあります。

　毎年度予算額を精査するケースは、**関係者との調整状況や地権者との交渉状況などの進捗を確実に聴取して査定に反映**させることが重要です。

　例えば、区画整理では住民の移転補償、道路整備では用地買収などの経費を要しますが、いずれも地権者との交渉が必要です。交渉が難航しているにもかかわらず予算だけ計上した場合は、地権者に対しては明らかに乱暴ですし、そもそも執行可能か不明な予算になってしまいます。

　また、施工スケジュールを考慮したときに、必ずしも来年度に予算化するのが必須ではない経費が紛れ込んでいるケースもあります。

　このような場合は、「地権者との調整が整ったもののみを予算化」「スケジュールを踏まえ、必要最低限の用地のみを買収」など、要求の一部を査定で先送りすることができるでしょう。

　なお、予算要求の段階では、所管課としても財政課の査定ありきで対外説明を重要視せず、過剰要求となっているケースもあります（本来はよろしくないですが）。「所管課として、この要求で議会や住民説明に耐えうるのか」などと投げかけると、所管課の本音を引き出せるでしょう。


## ▶地方債は交付税算入率がポイント

　普通建設事業の財源は、国庫補助事業には国庫支出金を充当しますが、それ以外のほとんどの場合には地方債を充当します。

　地方債は、**防災対策事業や補正予算事業など、元利償還金に対して交**

付税が措置される（基準財政需要額に算入でき、財源的に有利となる）ものがあり、自治体の財政運営上は、このような地方債を積極的に活用する必要があります。

　近年では年末や年明け早々に、国が経済対策・防災減災対策として補正予算を編成する傾向があります。自治体の来年度予算の事業を当該年度の補正予算に前倒して予算化する（補正予算債を財源とする）ことで後年度の財源を確保できるので、国の動向にも注視する必要があります。

　なお、自治体の組織体制によって、地方債部門と予算査定部門が分かれる場合は、予算査定の過程において双方がしっかり連携し、財源の確保に努めなければなりません。


## ▶国庫補助事業の内示状況を確認する

　成長力強化や地域活性化、老朽化対策や防災・減災に資する建設工事の中には、国庫補助の対象となるものがあります。

　国庫補助は、補助対象事業費に対して補助率（2分の1など）が定められているものもありますが、国が確保した予算規模によっては補助率通りに交付が受けられない場合もあります（本来の交付額に対する実際の交付額の割合は「内示率」と呼ばれます）。

　したがって、同規模の建設工事でも内示率が低い事業は自治体による財政負担が相対的に高くなることから、**予算査定の段階で、国の予算編成の動向や近年の内示率・額の推移を見極める必要があります。**

　例えば、財源が確保できる内示率が高い事業を優先的に予算化する、内示率が低い事業でスケジュール的に問題なければ工事の一部を後年度に先送り減額査定とする、などの査定ができます。

　なお、建設工事は地域住民に説明しながら進めるものですから、内示状況を踏まえて査定する場合でも、所管課担当者の話をよく聞いて調整しながら対外説明に耐えうる予算額の落とし所を探りましょう。

## ▶大規模改修・設備更新は平準化したい

清掃工場の焼却設備の改修や下水道の管渠更新にかかる費用などは、施設や設備の機能維持や延命化を図るために要求されるものです。

このような経費には、改修・更新計画を策定するものもあり、また、専門性の高い設備も多いため、財政課担当が「まだ使えるのでは？」などの緊急性の観点のみで査定で落とすことはなかなか勇気が必要です。

一方で、所管課の話をよく聞くと「これだけは予算化してくれないと本当に困る」というように優先順位が隠れていることもあります。

また、これらの経費は、住民サービスの維持のために毎年度必須の経費ではありますが、自治体の財政運営上は、なるべく各年度で同規模程度に平準化したいものでもあります。

このような視点を踏まえ、**目的や分野が類似する建設工事を所管課目線の優先順位で一覧化し、優先順位が高いものから前年度予算並みの事業費までを計上する**、という査定手法もあります（図表4－6）。

なお、改修・更新計画などが対外的に発信されている場合は、財政課の判断のみによる一方的な査定では、所管課が議会や住民説明に窮する場合があります。所管課担当者から、現状での施設・設備の運用にあたっての支障や、査定により減額・未実施とした場合の影響をよく聴き取るなど、丁寧に事前調整の上で査定額を調整しましょう。


## ▶新たな着手でも丁寧な確認を

公共施設のリニューアルや新たな都市計画道路の整備、施設の整理統合・再編成への着手など、新規事業の着手は政策判断を伴うものが多いため、あらかじめ所管課が首長に説明し、予算編成前に意思決定を受けているものがほとんどです。

したがって、「そもそも着手が必要なのか？」という視点で財政課担

当がちゃぶ台をひっくり返すような査定をすることは困難ですが、**何をどこまで首長に説明して意思決定がなされているかは、丁寧に聴き取る**必要があります。

　なぜなら、事業着手が決定されていても、具体的な仕様や設備機能の水準、出来上がりの姿までは決定されていないこともあるため、**未決定事項に関する要求は、財政課担当がチェックして精査する余地がある**からです。

　事業の目的や背景、実施内容やその水準、総事業費や各年度の財政負担、全体スケジュールなど、予算化に必要な情報は査定資料に落とし込み、課題に感じる事項があれば上司に報告しましょう。

　住民の税金で住民のために整備するわけですから、整備の目的を達成できる最低限の水準が基本であり、豪華にする必要はないはずです。

●図表4－6
センターの施設・設備修繕の優先順位による査定例　　　　　　（単位：千円）

| 優先順位 | 項目 | 要望額 | 査定額 | 査定理由 |
|---|---|---|---|---|
| 1 | 非常用発電機交換 | 20,000 | 18,000 | 予算化<br>過去の実績を基に経費を精査 |
| 2 | トイレ改修実施設計 | 4,000 | 3,000 | |
| 3 | 建物設備改修 | 15,000 | 13,000 | |
| 4 | 吊天井改修実施設計 | 5,000 | 4,000 | |
| 5 | 多目的ホール床修繕 | 8,000 | 0 | 予算化を見送り<br>現状で支障がなく、優先順位を考慮 |
| 6 | 多目的ホール照明LED化 | 6,000 | 0 | |
| 合計 | | 58,000 | 38,000 | |

前年度予算額　40,000

┃point┃━━━━━━━━━━━━━━━━━━━━━━━━━━━━━━━●

とにかく現場必見。スケジュールの実態に即して予算化し、地方債等の財源確保も手抜かりなく。優先順位による査定も念頭に。

**Q31** 【臨時－歳出】
社会保障関係経費はどのように査定する？

**A** まずは現状の問題点や事業実施の必要性を整理します。具体的・客観的な数値に基づく査定がベストです。経常的経費同様「腕の見せ所」でしょう。

## ▶新規事業は目的や効果指標が肝

社会保障関係の新規要求の事業には、国の新たな補助金を活用して新規で実施するものや、地域特有のニーズを踏まえた自治体の単独事業の新たな要求などがあり、首長オーダーによるものもあります。

国の補助を活用しても自治体に新たな財政負担が生じるケースが多く、国事業の創設のみをもって予算をつけるわけにはいきませんし、上司査定で「首長オーダーのため予算化します」では理由になりません。

査定では、現状の問題点や必要性を明らかにすることはもちろんのこと、特に事業の**目的の明確化や客観的な効果指標の設定が必要**です。「目的」とは、税金を投入して事業を実施することの意義を示すものですが、手段と混同される場合も多く、明確化が必要です（2章－Q14参照）。また、**既存事業で目的や対象者が類似するものがあれば「類似事業との整理統合を要するため予算化を見送り」とゼロ査定したり、既存事業を減額査定したり**することもできるでしょう。

「効果指標」とは、目的の達成度合いの指標です。客観的でなければ事業の効果検証ができず、2年目以降の事業継続の判断が困難になります（3章－Q23参照）。新規事業として予算でデビューしても、決算で実績が低調で、更に指標が抽象的で検証も難しい状況では、納税者も納得で

きません。**新規事業は、最初の効果指標の設定が肝心なのです。**

　なお、期間限定の「モデル事業」として要求される新規事業もありますが、期間終了後に事業をやめることはなかなか難しいものです。モデル事業でも、通常の新規事業の要求と同様のスタンスで査定に臨みます。


## ▶単価の上乗せは収支状況を確認してから

　国で補助単価が規定される事業に対し自治体単独で上乗せしたり、階段型の補助制度を細分化（図表4－7）したりする要求には、国単価では運営が苦しい事業者からの要望が背景にあることが多いものです。

　単に「運営が苦しい」だけでは抽象的なので、**具体的に収支決算書から運営状況を確認するほか、近隣他都市の単独事業の実施状況やその水準と比較**として要求内容を検証します。

　収支決算が赤字で事業者負担が生じている、他都市の多くが単独で上乗せを実施しているなどの場合、ゼロ査定は難しいかもしれませんが、予算化するとしても、どの程度の水準が妥当なのかを精査します。一方で、他都市の事業者から同様の声があがっていないのであれば、自治体の事業運営の効率性に問題がある可能性もあります。


●図表4－7
階段型の補助制度の細分化の例　　　※網掛けが市単独

| 現行 | | 拡充後（要求） | |
|---|---|---|---|
| 国制度 | | 国制度＋市単独 | |
| 人数 | 補助額 | 人数 | 補助額 |
| 1,500 ～2,099 | 4,800 | 1,800～2,099 | 5,400 |
| | | 1,500～1,799 | 4,800 |
| 900 ～1,499 | 3,600 | 1,200～1,499 | 4,200 |
| | | 900～1,199 | 3,600 |
| 300 ～899 | 2,400 | 600～899 | 3,000 |
| | | 300～599 | 2,400 |
| ～299 | 1,500 | ～299 | 1,500 |

この人数帯で運営する場合の収支決算の状況は？

5,400
4,800
4,200
3,600
3,000
2,400
1,500
（国制度）

# ▶施設増設は改めて必要性の検証を

生活困窮や発達障害などの相談センターや、保育所や特別養護老人ホームなどの施設の箇所数を増設する要求では、実施計画に位置付けた政策的な拡充や住民ニーズの高まりへの対応などが背景にあります。

財政課担当としては、**実施計画事業という理由だけで予算化するのではなく、現状でニーズへの対応が困難であることを具体的に数字で捉え、真に増設が必要なのかを改めて精査**しましょう。

例えば、相談件数が多く電話がつながらないという住民からの苦情の回数や、予約制の相談であれば数か月待ちの状態、入所施設であれば待機者数など、何らかの定量的な指標があるはずです。

**現状を定量的・客観的な数字で捉えていなければ説得力に欠ける要求**であり、「現状を具体的に把握した上で増設を検討」などゼロ査定とすることもできます（この査定理由は、ゼロ査定とあわせて、来年度以降の再要求する場合のヒントも伝えています）。

一方で、増設を予算化する場合も、既存相談センターの相談件数の減が見込まれる場合は既存センターの職員体制を精査して減額査定するなど、**トータルでニーズを捉えて予算に反映させる査定を目指しましょう**（図表4−8）。

●図表4−8

増設要求に対する既存施設の査定例

（現行体制）

| | 相談員数 | 相談件数 | 事業費 |
|---|---|---|---|
| A 地区 | 3 | 6,000 | 9,000 |
| B 地区 | 2 | 3,000 | 6,000 |
| 計 | 5 | 9,000 | 15,000 |

【増設要望】

| | 相談員数 | 相談件数 | 事業費 |
|---|---|---|---|
| A 地区 | 3 | 6,000 | 9,000 |
| B 地区 | 2 | 3,000 | 6,000 |
| C 地区 | 2 | 3,000 | 6,000 |
| 計 | 7 | 12,000 | 21,000 |

C 地区（A 地区と隣接）の増設要望です。
A 地区の相談者が隣接する C 地区に流れることが見込まれるため、A 地区の相談員数を査定しています。

【査定】

| | 相談員数 | 相談件数 | 事業費 |
|---|---|---|---|
| A 地区 | 2 | 4,000 | 6,000 |
| B 地区 | 2 | 3,000 | 6,000 |
| C 地区 | 2 | 3,000 | 6,000 |
| 計 | 6 | 10,000 | 18,000 |

# ▶相談員等の増員も「指標」がポイント

　スクールカウンセラーや母子包括支援、保育所等利用調整の相談員などの増員要求の予算化にあたっては、相談センター等の増設の査定と同様、現行体制で具体的にどれだけの支障が生じているのかを捉える必要があります。

　また、スクールカウンセラーは不登校率を全国・県平均と比較して**事業目的の達成度を検証**する、母子包括支援は妊娠届出数に対する相談員数の割合を**近隣他都市の水準と比較**するなど、査定の判断材料となり得る「効果」や「水準」などの指標があるはずです（図表4-9）。

●図表4-9
相談員増員の近隣他都市比較による査定例

（単位：人）

| | 対象者数 | 相談員数 | 対象者数／相談員 |
|---|---|---|---|
| 本市 | 8,000 | 4 | 2,000 |
| A市 | 11,000 | 11 | 1,000 |
| B市 | 24,000 | 20 | 1,200 |
| C市 | 15,000 | 10 | 1,500 |
| D市 | 6,000 | 6 | 1,000 |
| | | 本市除く平均 | 1,175 |

| 要求 | | 査定 | |
|---|---|---|---|
| 相談員数（＋6人） | 対象者数／相談員 | 相談員数（＋3人） | 対象者数／相談員 |
| 10 | 800 | 7 | 1,143 |

査定）　相談員1人あたり対象者数を近隣他都市平均程度に査定

　さらに、相談員であれば相談時間の目安や、巡回監査指導員であれば巡回頻度などに国が一定の基準を示す場合もあり、**査定のポイントとなる指標が隠れていることもある**ので入念な聞き取りが必要です。

　なお、増員を予算化する場合でも、人工計算（必要人数・時間等の計算）などにより必要量も精査しましょう（図表4-10）。

●図表4-10

相談員の人工計算の例

現行体制：相談員2人（週25時間勤務）、週28件の相談に対し20件の対応が限界

不足時間は事務職員が対応するが、専門性に欠け、適切な対応が困難

（事務職員の過剰な時間外勤務も課題となっている）

臨時要求：1人増員（週25時間勤務）

（単位：時間）

|  | 1件あたり<br>所要時間<br>a | 週あたり<br>所要時間<br>b＝a×28 | 現相談員<br>対応時間<br>c | 不足時間<br>b－c |
|---|---|---|---|---|
| 相談対応 | 1.0 | 28.0 | 20.0 | 8.0 |
| 報告書作成 | 1.0 | 28.0 | 20.0 | 8.0 |
| 申請受付 | 0.3 | 8.4 | 6.0 | 2.4 |
| 申請内容確認 | 0.2 | 5.6 | 4.0 | 1.6 |
| 合　計 | 2.5 | 70.0 | 50.0 | 20.0 |

査定）不足時間を踏まえ、増員分の勤務時間数を25→20時間に査定

## ▶複数の要求は、重要度や優先順位でさばく

　臨時的経費の中には、現行制度が抱える複数の問題を一度に改善するための要求があがってくることもあります。

　例えば、事業者の要望と利用者アンケートを踏まえ、「事業委託料の増額」と「利用者負担の軽減」を同時に要求する場合などです。

　要求内容を切り分けて必要性などを検証した結果、どちらも予算化すべきとの結論に至ったとしても、上司査定で「収支がかなり厳しいからどちらか一方を予算化だ」などと言われることもあります。

　このような場合、個別事業の予算を議会に説明するのは所管課ですから、財政課担当の判断でいずれかを選択することは極めて危険です。

　財政事情を踏まえてどちらかの予算化を見送ることもあり得る旨を伝えた上で、**所管課としてどちらの要求がより重要か、優先順位がより高いのはどちらか、などをあらかじめヒアリングで探る**ことにより、上司査定での手戻りを減らすことができます（図表4-11）。

なお、目的が類似する事業が複数要求された場合も、所管課による優先順位や費用対効果、メリット・デメリットなどを表にして整理し、予算化する事業を絞り込んだり、予算額を調整したりする査定手法もあります。

●図表4-11
　複数の要求の場合の査定

【要求】
　（1）委託料の増額（施設への支払い）

|  | 現行 | 増額後 |
|---|---|---|
| 1回あたり委託料 | 25,000円 | 30,000円 |

　（2）利用者負担の軽減

|  | 現行 | 軽減後 |
|---|---|---|
| 1回あたり利用者負担額 | 3割負担<br>（上限7,500円） | 2割負担<br>（上限6,000円） |

　　　　　（ヒアリングでの聴き取り内容）
　　　　　委託料の増額は事業者の要望で、増額されないと担い手が不足
　　　　　利用者負担の軽減は、利用者のうちの10%程度が希望
　　　　　→所管課は委託料の増額を優先したい

【査定】
　（1）委託料の増額（施設への支払い）

|  | 現行 | 増額後 |
|---|---|---|
| 1回あたり委託料 | 25,000円 | 30,000円 |

　（2）利用者負担の軽減

|  | 現行 | 軽減後 |
|---|---|---|
| 1回あたり利用者負担額 | 3割負担<br>（上限7,500円） | 軽減を見送り、<br>現状維持 |

**| Point |**━━━━━━━━━━━━━━━━━━━━━━━●

具体的な数値は客観的な事実。所管課と議論しながら効果を表す数値を引き出せれば、査定の説得力も高まり、上司や首長も判断に迷わない。

## Q32 【臨時－歳出】 ソフト事業はどのように査定する？

**A** 施策全体を体系的に捉えて可視化し、限られた財源の選択や集中も見据え、多角的かつ建設的に検証します。とにかく予算化初年度の精査が肝心です。

### ▶各種ソフト事業は体系的に整理を

住民による地域運営の活動助成や、地域経済活性化のための中小企業の成長支援、急傾斜地等の擁壁改修や移転助成等の防災対策など、臨時的経費では、様々なソフト事業の要求があがってきます。

実施計画事業や政策色が強い事業も多いため、要求の背景を正確に捉えることが前提です。加えて税金を使って事業を行う以上、現状の問題点や必要性などを様々な角度から改めて検証する必要があります。

また、このような要求に対しては、**既存事業と新規要求事業を目的や対象者別に分類して施策全体を体系的に整理**すると、合理的な査定につなげることができるでしょう。

例えば、施策全体をマトリックスにして各事業の位置付けを可視化します（図表4－12）。**類似事業との整理統合や、実績・効果が低調な事業の廃止・見直しなど、財源の選択と集中を建設的・効率的に精査**することができ、上司や首長の的確な意思決定に資する判断材料になります。

なお、自治体以外の団体や個人の取組みを支援する補助金などの場合、各種調整に段取りや時間を要するため、一度予算化すると見直しや廃止は困難です。最初が肝心ですから、限られた財源を真に必要な事業に振り向けるため、多角的かつ建設的な検証を意識しましょう。

●図表4－12

目的・対象者の体系的な整理方法例

目的と対象者を整理した結果、新規要求とC事業が一部重複した事例です。

C事業の効果や、補助対象の違いなどの整理が必要です。

| | | 補助対象者 | |
|---|---|---|---|
| | | 創業者 | 中小企業 |
| 目的 | 成長支援 | A事業<br>（1,000千円） | B事業<br>（2,000千円） |
| | 事業参入 | 新規要求<br>（1,000千円） | C事業<br>（1,500千円） |

## ▶イベント開催経費も手抜かりなく

　イベント開催経費は自治体創立○○周年記念式典や、新たな取組みの周知啓発に関するイベント開催などの要求です。祝祭感の演出や住民の機運醸成、自治体の取組みの理解促進のために実施されます。

　経常的経費と同様、イベント経費は効果検証が難しく財政課担当としては悩ましいものですが、新たなイベントの開催に対しては、その意義や必要性、実施効果などを整理することは必須です。

　その上で、イベント参加者数の見込みや開催規模を聴取するとともに、見積額の詳細な内訳を確認して数量・単価の妥当性や実施内容の水準をチェックするなど、基本的な精査をしましょう。

　また、ある程度の予算規模でなければ開催意義が損なわれるようなイベント以外は、**既存イベントに抱き合わせて実施することにより開催コストを抑制**できます。

　なお、単独での開催でやむなしと判断される場合は、「直近の類似規模のイベント程度の事業費を予算化する」「他都市の類似実績程度の予算での執行をお願いする」などの査定理由で、**全体の予算規模を調整しつつ、内容は所管課に委ねる**査定手法もあります。

## ▶システム関連経費にもできることはある

　システム関連経費は法改正に伴うシステム改修や現行システムの陳腐化に伴う更新、業務効率化のための新たなシステム導入などの要求です。

　いわゆる行政事務の職員では、システム関係の見積額やその内容の妥当性は、情報システム部門の在籍経験がない限り、よく分からないのが正直なところでしょう。

　したがって、この経費は**情報システム部門と連携・調整し、意見を参考にしながら査定**することになります。私の自治体では、情報システム部門がほぼ全てのシステム開発・改修経費をチェックする体制となっており、財政課担当はこれらの意見を参考にしていました。

　ただし、業務効率化のための新たなシステム導入などは費用対効果のチェックが必要となるため、財政課担当ならではの査定はできます。

　このような要求は、システム導入コストと後年度の運用コストを合算した事業費総額と、職員が直接実施した場合の作業コストを比較するなど、基本的な検証ができるでしょう。

　また、目的が業務効率化であれば時間外勤務の削減につながるわけですから、システム導入経費を予算化するとともに、理論上の削減時間を算出して人件費（時間外勤務手当）の減額査定ができます。

　一方で、所管部局の当該年度の予算に不用が見込まれる場合は、所管課と調整の上、不用額を活用して当該年度でのシステム導入の執行をお願いすることで、来年度での新たな予算化を避ける査定ができます。

　システム関連経費は、専門知識による精査以外にもできることはあるので、全て情報部門に委ねるような姿勢は避けましょう。

## ▶その他事業の査定の視点

　これまで述べてきた要求の内容や背景に応じた査定の手法以外にも、

参考となる査定の視点を紹介します。財政課では、様々な視点で必要最低限の予算額の水準を検討しています。

> **■必要最低限の予算額の水準を検討する例**
>
> ●自治体全域を対象とした新規サービスの要求の場合
> 　□まずは需要が高いと見込まれる地域に限定してモデル的にスタートし、実施効果を検証のうえで全域での展開を検討できないか。
> 　□または、単年度ではなく複数年度にかけて計画的に全域での展開ができないか。
>
> ●複数年度にかけて計画的に設備等を整備する要求の場合
> 　□複数年度の期間に明確な根拠がなければ、期間を延伸して年度ごとの財政負担を低減できないか。
>
> ●現状分析と事業実施の包括委託による要求の場合
> 　□専門性が高くない現状分析であれば、委託による外注ではなく直営（職員）による対応ができないか。
>
> ●建設工事の設計と工事の単年度による要求の場合
> 　□スケジュール的に問題がなければ、設計のみ予算化して工事を翌年度に見送ることができないか。

**│Point├**

ソフト事業は施策全体の体系的な整理により財源の選択と集中を。イベントやシステム経費にもできることはある。限られた財源の有効活用を。

# 財政課担当の存在意義

COLUMN 4

## ヒアリングは雑談もアリ

　教育委員会の査定を担当していたときのことですが、子どもが小学校に入学したことなどもあり、児童生徒への支援に関する事業には興味がありました。ヒアリングでは、担当係長が教員だったので、要求事業に関することから話を膨らませて、小中学校の現場の実情を雑談として聞かせてもらうこともありました。

## アンテナを張って指標を拾う

　雑談の中で「うちの自治体は不登校率が高いんですよね……」と話がありました。確かに、過去の推移では県や全国平均よりも高い水準でした。自分が担当する以前の数年間は、毎年、不登校児童や生徒への相談対応や個別支援を担うスクールカウンセラー（SC）の増員要求があったもののゼロ査定となっており、査定資料にも不登校率の記載はありませんでした。資料の提示がなかったのかもしれません。

　「あ！　この指標は臨時の増員要求理由に使えますよ！」と経常ヒアリングで担当者に伝え、資料を揃えた結果、増員の予算確保に至りました。課長査定では「不登校率が高いのは知らなかった」とも……。

## 財政課担当の存在意義

　効果的な指標を拾い上げて真に必要な予算の確保につながり、推測ですが、その結果、救われた子どももいたと思います。今思うと「不登校率」はSCの増員査定には当然のロジックの一つかもしれませんが、所管課としては何が査定のポイントになるのかはなかなか理解されにくく、資料の提示に至っていなかったのかもしれません。

　これは私が財政課担当の存在意義を感じたエピソードの一つです。

**第5章**

# 手戻りがなくなる
# 上司査定のテクニック

# 上司査定の基本
## 〜査定から復活要望まで〜

### ▶上司査定は序盤の事前準備が肝

　財政課担当としての査定案が整理できたら、いよいよ上司の査定を受けるステージです。皆さんは、対所管課では「査定をする」立場ですが、対上司では「査定をされる」立場に変わります。

　上司査定は、経常的経費→臨時的経費の順に行いますが、**序盤の経常的経費の上司査定をいかに効率よく乗り切れるかが重要なポイント**となります。

　効率良く乗り切るためには、上司の査定を受ける前に、どの項目をどのような流れで説明するか、あらかじめ作戦を立てることが大切です。

　上司査定の事前準備を怠った結果、スムーズに説明できず大量の指摘を受け、所管課への再ヒアリングや協議調整、査定のやり直しなどに多くの時間が奪われることになり、その後の臨時的経費のヒアリングや査定作業に手が回らなくなるなど、負のスパイラルに陥りかねません。

　上司査定を控えていても、少しでもほかのヒアリングを進め、査定作業に時間を割きたい気持ちは分かりますが、**グッとこらえて、上司査定の事前準備に注力しましょう。結果として、それがゴールへの近道**になります。

### ▶上司査定の事前準備は何をすれば良い？

　事前準備は、「３章－Q21　分かりやすい説明のコツは？」で紹介し

たポイントに気を付けると良いでしょう。

　具体的には、以下の通り準備します。

---

① 　査定資料の数字に誤りがないか、改めて電卓で検算する

② 　査定資料を見直し、資料を読み上げるシミュレーションを行う

③ 　読み上げる部分は、マーカーするなどしてチェックを付ける
　　（チェックしていない部分は読まない）

④ 　判断を仰ぎたい項目は、漏れなく説明できるようメモ入れ等を
　　行う

⑤ 　説明を聞く側の立場をイメージし、想定される質問に対して答
　　えられるよう根拠資料を準備する

⑥ 　実際に説明する際は、相手の目線の動きに注意して、一方的な
　　説明にならないよう、準備段階で心掛ける

---

　説明時に数字の誤りが発覚すると、他の数字も信用されなくなってしまいます。念には念を入れて確認しましょう。

　また、実際に上司査定で説明する際には、準備が疎かな状態では、資料を読み上げるだけでも焦って早口になってしまったり、説明に漏れが発生してしまったりするものです。

　どの項目をどのように説明するか、**事前にシミュレーションしておくことで、地に足のついた説明**ができるはずです。

　なお、所管課ヒアリングでは具体性を意識して聞き取った場合でも、完璧には聞き切れていないことも多いものです。**事前準備のシミュレーションで疑問点が生じた場合は、再度所管課に確認するなどして、上司査定での手戻りをできるだけ少なくしましょう。**

## ▶的確な判断のための補助役

　自信をもって説明することも大切ですが、自分の査定案に都合が悪い情報を隠したり、つっこまれることを恐れて説明をしなかったりすることは、絶対に避けなければなりません。

　3章の初めで述べたように、**財政課担当は、あくまでも上司や首長が的確な判断をするための補助役であり、主役ではありません。**査定は、一つの視点からではなく、様々な角度から検討して精査を重ね、総合的に判断されるべきものです。

　たとえ上司や首長であっても、情報が不足していたら的確な判断ができず、その結果、住民に不利益をもたらすことにもなりかねません。

　皆さんは自治体の判断の補助役であることを改めて認識し、**所管課の要求の背景となるバックデータや、査定案につながる根拠など、所管課側と財政課側の双方の情報を漏れなく説明**するよう心掛けましょう。


## ▶驕らずに、自信を持って

　余念のない事前準備をしても、「果たしてこれで正しいのか」「何か指摘を受けるのではないか」と不安を抱えながら、上司査定に臨むこともあると思います。

　しかし、自信がなさそうに説明をされると、「所管課は本当にこの理由で要求しているのか」など、聞いている側も不安になるものです。

　もちろん、百戦錬磨の財政課の上司ですし、知識と経験では敵いませんが、財政課内では、**所管課の意向や熱意を肌で感じているのも、所管課の代弁者となれるのも、皆さんだけ**です。

　所管課担当からじっくりヒアリングをして意向を確認し、様々な調整をしながらたどりついた一つの査定案と、上司の考えが異なる場合は、すぐに引き下がるのではなく、査定案に至った経緯や理由を改めてしっ

かりと説明するなど、抵抗をしてほしいのです。

　上司からの指摘を謙虚に受け止め、速やかに対応することはもちろん重要ですが、時には自分の査定案に自信を持つことも大切です。

　上司査定で全く指摘を受けずに 100 点満点をとる必要はありません。相手は、経験豊富な財政課の上司です。**驕ることなく、胸を借りるつもりで、自信を持って説明**しましょう。

　指摘を受けることは決して悪いことではなく、むしろ皆さんの成長につながるものと前向きに捉えれば良いのです。

　**「査定の場では、上司・部下関係なくみんな平等。課長の意見が上位ということはなく、意見を出し合っていい査定にしてほしい」**これは、私の上司がよく言っていた言葉です。


## ▶最後は課長が責任をとる

　課長査定では、自治体全体の予算要求に対して、財政課という組織としての査定案をまとめることになります。

　その後の局部長査定や首長査定においては、課長自らが前面に出て説明したり、財政課担当の「盾」となったりすることもあります。そのため、課長査定では、様々な視点からの厳しい指摘や細かい質問が立て続けに飛んでくることも多いでしょう。

　私の自治体では、**「課長査定を乗り越えればひとまずゴール。あとは課長が何とかしてくれる。最後は課長が責任をとる」**と言われるほど、課長査定のハードルが高かったものです。

　皆さんは、課長が責任をもって的確な判断ができるよう、また、合理的かつ建設的な説明ができるよう、課長を支える立場であることを意識して査定に臨みましょう。

## Q33 係長査定で係長は何を見ているの？

**A** 係長は自分が担当のつもりで質問してきます。課長査定のリハーサルでもあり、財政課担当としての査定のスタートラインとも言えるでしょう。

### ▶係長は自分が担当ならばという目で見ている

係長査定は、上司査定の最初の関門です。

経験豊富な係長は、基本的には「**自分が担当ならば、どのような査定をするか**」という切り口で担当の査定をチェックします。

また、育成指導の観点から、査定に直接関係なくても既存事業の目的やスキームなどをあえて確認したり、担当の査定作業のプロセスを具体的にチェックしたりすることもあります。

査定が甘ければより厳しい査定を求められ、査定理由に合理性や説得力が不足していれば、追加の聞き取りも求められます。私も当時は大量の指摘を受けて落ち込んだことを覚えています。でも、それで良いのです。粘り強く対応することで、着実なレベルアップにつながります。

### ▶係長査定は課長査定のリハーサル

査定案の説明は、相手が係長であっても課長であっても変わるものではありませんから、「**係長査定は課長査定のリハーサル**」とも言えます。

経常的経費では「決算ベースの査定ができているか」「査定の根拠や説明が適切で簡潔明瞭となっているか」、臨時的経費では「説明のストー

リーが漏れなく、矛盾がないか」「査定資料が読みやすく整理されているか」「査定の考え方が適切か」などの視点でチェックされます。

　係長は、課長査定にも耐えられるよう、色々と質問をしてきます。**係長査定でのやりとりは課長査定を乗り切るためのステップ**と言えます。

.

## ▶査定のスタートラインという気持ちで臨む

「できる」ための説明や資料作成の観点では、**実務的な最初のアウトプットは係長査定の場**となります。また、係長査定を受けることにより「経常的経費は決算ベースによる査定」「臨時的経費はゼロ査定を念頭に」などの原則論についても、机上の空論ではなく、実体験として感じることができるでしょう。そのような意味では、係長査定は、「**できる**」財**政課担当になるための「査定のスタートライン」**です。係長査定を乗り越えることができたら、自信を持って課長査定に臨んでください。

## ▶係長査定は早めに受けよう

　新人の財政課担当の係長査定は、ダメ出しも多く時間がかかるため、特に経常的経費の係長査定はなるべく早めに受けるようにしましょう。

　具体的には、**一つの課だけでも良いので、査定案ができたら、係長にお願いしてでも積極的に査定を受けてほしい**ところです。

　係長査定を通じて査定の考え方やアドバイスをもらうことで、担当査定を早い段階で軌道修正することができるため、結果的には無駄を減らし、効率的な査定作業につなげることができます。

**┃Point ┣━━━━━━━━━━━━━━━━━━━━━━━●**
係長査定は課長査定を乗り切るためのステップであり、最初のアウトプットの場。早めに係長査定を受けて、必要に応じて軌道修正を。

## Q34 財政課長査定でひっかかりやすいポイントは?

**A** 課長査定でも基本的な視点が重要です。より具体的なつっこみや局横断的な思いもよらない指摘もあります。速やかな対応が必須です。

### ▶まずは査定の基本に忠実になる

**課長査定は、上司査定における最大の難関です。**

課長査定の視点は、まずは基本に忠実にと言えるでしょう。経常的経費であれば、「決算ベースの査定となっているか」「査定額と決算額に乖離がある場合、その理由は何か」を確認されます。

臨時的経費であれば、「要求に至った経緯は何か」「現に生じている支障や問題点は何か」「どのような事業をどのように実施するのか」「事業効果を見込んでいるか」「必要最低限の予算額と言えるか」などの**基本的な視点で、皆さんの査定案をチェック**します（2章 - Q10参照)。

奇をてらわず、皆さんも基本に忠実に説明しましょう。

### ▶より具体的なつっこみ

課長査定では、より具体的で厳しいつっこみが入ることがあります。例えば、現状の問題点であれば「どの程度の問題なのか。問題の深刻さを示す定量的な数字はないのか」、事業を委託する場合には「委託先の目途はあるのか」、段階的な取組みであれば「優先的に○○から実施する考え方は検討したのか?」などといった質問があるでしょう。

## ▶横断的な視点を持つ

　課長査定では、各財政課担当が、庁内の全ての要求を説明することになります。そのため、「○○局の△△事業と何が違うのか」「◇◇局との調整は済んでいるのか」など、**横断的な視点からの確認**が求められます。また、局部長査定や首長査定に向けて、類似事業の比較表などを査定資料に追加するよう指示されることもあります。

　新人担当では、課長査定前にこのような課題を整理することはなかなか難しいものです。**指摘を受けたら、他部局を担当する財政課の先輩や局経理担当者と連携し、速やかに対応**できれば問題ありません。


## ▶首長の意向との整合性や政治的な情報もチェック

　首長は、「マニフェスト」などで首長として取り組むことを約束して住民に発信することがあります。課長査定では、このような**首長の意向や対外発信も意識したチェック**が行われます。

　要求内容に疑義がある場合は、首長査定の前に、所管課から首長に要求事業の報告をし、首長の意向との整合性が図られているか確認することもあります。財政課としては、首長査定時に「そういう意図ではなかったのだが……」とちゃぶ台をひっくり返されると、極めて短期間で所管課の要求内容の調整が求められるため、注意が必要です。

　また課長以上の査定では、議会からの要望なども踏まえて判断をすることもあります。**政治的視点による査定は課長に委ねて構いませんが、ヒアリングで議会からの要望状況を聞き取り**、漏れなく報告しましょう。

**▌Point ▌**━━━━━━━━━━━━━━━━━━━━━━━●

課長査定は最大の難関。厳しいつっこみや俯瞰的な指摘にも、速やかに全力で対応を。課長査定を乗り越えれば、あと少しでゴール。

## Q35 不足を問われて慌てない ための行動パターンは?

**A** 上司査定での指摘には想像で抵抗せず、確実に所管課から裏を取りましょう。指摘の意図は正確に捉え、指摘を自己管理すると慌てません。

### ▶抵抗しない、想像でモノを言わない

初めての上司査定では、立て続けに厳しい指摘を受け、「こんなはずではなかったのに……」と気持ちが滅入ることもあるでしょう。

一方で、「そこまで聞き取る必要があるのか」と疑問を感じ、悔しくて抵抗したくなる人もいるかもしれません。

ただ、上司査定で感情的に抵抗するのは「有害無益」です。

上司は、的確な査定のために必要な情報の不足を指摘することはもちろんですが、育成指導の観点からあえて厳しい質問をしてくることもあります。指摘には抵抗せず、**謙虚に受け止め、速やかに地道に対応する**ことが、上司査定を乗り切るためのコツでもあります。

さらに上司査定の場を何とかやり過ごすために想像でモノを言うことは、抵抗することよりも避けなければなりません。

根拠のない想像を査定理由としてしまい、「この査定理由は到底納得できない」と内示で揉めて復活要望につながった場合は、財政課の信用の失墜につながってしまいますし、こればかりは財政課担当の責任です。

予算は所管課と財政課で作るものです。上司からの質問への回答に自信がない場合は、**必ず所管課に確認して「裏を取る」**ことが必要です。

## ▶指摘の意図を確認する

　特に課長査定では、指摘の内容が多岐に渡ります。追加の聞き取りのほか、査定資料や査定理由の修正、査定額の変更、局部長や首長査定に報告するか否かの判断や、報告の手法（私が所属する自治体では、査定資料として報告する場合と、簡素な一覧表で報告する場合があります）など、様々なパターンがあるので、**指摘の意図には細心の注意を払います**。特に、**追加の聞き取り指示の場合は、その理由や考え方をしっかり確認**し、所管課に追加オーダーを出す場合にも内容を丁寧に伝えます。「上司に言われたので」では、所管課に納得してもらえません。


## ▶指摘は自分で管理する

　指摘が多岐に渡ると、担当自身でも何をどのように指摘されたのか分からなくなることがあります。指摘を管理するために、**指摘の種類ごとに付箋を色分けして管理する「指摘の見える化」**をオススメします。

　例えば、青は「追加の確認指示」、ピンクは「（査定が甘いため）追加の査定」、緑は「局部長査定では簡素な一覧表に掲載」などと管理します。担当作業が完了したら付箋に「○」を付し、課長に宿題を返せたら付箋を外す、付箋が全てなくなったら査定終了、という具合に管理します。

　なお、上司査定（特に課長）での指摘事項を整理して所管課にオーダーを投げることができたら、その日くらいは早めに退庁しましょう。上司査定の事前準備と説明には、相当の労力を費やしているはずです。メリハリをつけて、また明日から頑張りましょう！

### ▌Point ▌————————————————●
指摘は謙虚に受け止め地道に対応を。指摘の意図は落ち着いて把握し、「見える化」で漏れなく対応できる。

## Q36 財政局部長・首長査定に向けた準備や心構えは？

**A** 報告事業は絞られますが、直近の動向は漏れなくチェックしましょう。説明に地図や画像を用いる場合もあります。最後まで資料を見直して臨みます。

### ▶部長以上に報告する事業は絞られる

　財政局部長査定や首長査定には、財政課長以上による政策的判断が必要なものや、大型開発事業の進捗報告を要する事業、対外的に新規・拡充事業として発信するものなどに絞り込んで報告をすることになります。

　報告する事業は上司が判断しますが、慣れてくると、担当査定の段階で「これは課長止まりの要求だな」「これは間違いなく首長行きだ」などが分かってくるので、査定資料作成の力の配分が調整できます。

### ▶直近の動向をチェックする

　局部長査定の段階では、ヒアリングから1か月以上経過していることもあります。課長査定時点で「今後関係団体等と協議予定」「近日中に首長レク予定」「他団体の実施状況の確認中」など未確定事項は、漏れなく**所管課担当から進捗状況を確認して課長に報告**しておきましょう。

　また、首長査定の段階では、国の予算案が固まっている場合もあります。**国の予算化の状況によって査定が変わること**もありますから、ヒアリングが終わった後でも、所管課担当とはコミュニケーションを密にし、確実に最新の情報を把握して逐一上司に報告することが必要です。

## ▶より具体的で視覚的な情報が必要なこともある

　街づくりや道路整備であれば「具体的な場所は？　どのような整備が行われるのか？」など、イベントであれば「具体的にどのようなイメージで開催するのか？」など、**出来上がりの姿などの視覚的で具体的な情報を問われる**ことがあります。

　スペースの都合上、査定資料に情報を落とし込むことが困難な場合でも、拡大した地図や写真、イメージ図などの資料を所管課から入手し、首長からの質問に対応できるよう準備する必要があります。

　このような情報が問われる可能性が高い事業は、必要な資料をあらかじめ課長に確認しておくと良いでしょう。


## ▶最後まで資料の見直しを怠らない

　**首長査定は、長い予算査定期間の真のゴール**です（その後に内示や復活要望、補正予算の前倒しなどの作業はありますが）。

　首長査定では、そもそも論や事業の細かい視点、関係団体との調整状況や議会からの要望状況、類似事業との違いや対外発信時の説明の仕方など、様々な視点で質問されることもあります。

　担当として答えられることは確実に答えられるよう、特に**査定資料に記載のない情報などにも留意して手元の資料を見直し、最後は腹を括って首長査定に臨みましょう。**


**▌Point ▐**━━━━━━━━━━━━━━━━━━━━━━━━━●

真のゴールまで事前準備は手ぬかりなく。所管課から聞き取ったことは確実に答えられるよう資料を見直し、最後は腹を括って自信をもって。

# 内示の際に注意すべきことは？

**A** 予算を所管課と財政課で作ってきたことを忘れないようにしましょう。所管課担当には感謝を示しつつ、自信をもって内示します。揉める場合は日を改めましょう。

## ▶まずは感謝。そして自信を持って査定結果を伝える

　首長査定を踏まえ、皆さんから所管課に対して、要求事業ごとに査定結果を伝えるイベントが「内示」です。

　皆さんにとっては、内示に至るまでに、これまで経験したことがない業務量に押し潰されそうになったり、所管課担当との調整がうまくいかずに気持ちが折れかけたりすることもあったかもしれません。

　ただ、所管課担当にとっても、業務の片手間でのヒアリングや手間のかかるオーダーへの対応など、相当な負荷がかかっており、財政課担当だけが苦労しているわけではありません。

　予算は所管課と財政課が協力して作るものであり、**予算査定を通じて住民のためにお互いが汗を流したことは事実**ですから、内示にあたっては、所管課担当に対して**まずは感謝の意を表してほしい**と思います。

　また、厳しい査定結果であっても、上司や首長の査定を経ているわけですから**自信をもって丁寧に伝えましょう**。

## ▶内示は議論の場ではない

　所管課担当の中には、査定結果に対して納得がいかず、内示の場で苦

情や議論を始めてしまうこともあります。

しかしながら、**査定結果とその考え方などを伝える場が内示であって、議論する場ではありません。**「このような査定では困る」「この査定理由は心外だ」などの議論は、ヒアリングの場で行うべきです。

査定結果を見て所管課担当が感情的になってしまう場合は、日を改めて話を聞くなど、「内示」という作業に徹しましょう。日を改めることで冷静になれることもあります。

また、内示で揉めても予算はつきません。内示は議論の場ではないことを冒頭で伝えつつ、**揉めることがないよう、所管課の意向を捉えるために、ヒアリングの場が設けられている**ことに理解を得ましょう。

## ▶復活要望も念頭に内示する

首長が直接所管課から話を聞きたい場合（私の自治体では「保留」として内示します）や、所管課が査定結果にモノを申したい場合は「首長復活要望」という場が設けられます。

保留の場合は、復活要望時に論点が逸脱しないよう、首長コメントの趣旨を懇切丁寧に伝える必要があります。

また、ゼロ査定など厳しく査定した事業については、内示の時点で、復活要望の意向を確認すると、皆さんも焦らずに心の準備ができます。

いずれの場合も、内示から復活要望、復活要望の査定までは、かなりタイトなスケジュールとなるはずです。**所管課担当者とは、復活要望のスケジュールをあらかじめ共有するなど、改めて協力体制について確認**しておきましょう。

**┃Point ┣**

内示では、査定結果が良くも悪くもまずは感謝。内示は議論の場ではないことを冒頭で伝えつつ、復活要望の意向確認もお忘れなく。

## Q38 復活要望にも落ち着いて対応するためには？

**A** 復活要望も基本的な論点整理は通常の査定と同じです。スピード感を意識し、財政局内の上司に問題点や課題を伝えます。まさに最後の踏ん張りどころです。

## ▶とにかくスピード勝負

　復活要望では、復活要望書により所管局が首長等に対して要求内容を直接説明し、首長や総務局長、財政局長等が質問や課題を指摘します。

　皆さんの役割は、財政局長等が復活要望の場で要望内容が初見とならないよう、**事前に復活要望書を確認し、財政課目線での課題や論点を整理して局内レクで伝える**ことです。

　しかしながら、復活要望書の提出の翌日に財政局内レクが行われるなど**スケジュールが極めてタイトであり、とにかくスピード勝負**です。

　首長指示の「保留」であれば、首長の疑問点等に対するアンサーとなっているかのチェックが主眼ですが、所管局主体の「モノ申す」復活要望の場合、改めてヒアリングが必要な場合もあります。

　**復活要望であっても、論点整理の手法はこれまでと変わりません。**前述のヒアリングのポイントを改めて見直しつつ、スピード感を意識し、「判断にあたってこの情報が不足している」「具体的なバックデータがない」などの問題点を突き止め、上司に報告しましょう。

　内示の際に復活要望の意向を確認できている場合は、復活要望書の提出前から局経理にお願いして暫定版を入手するなどの工夫ができます。

## ▶復活に馴染まない要求もある

　復活要望は、予算査定のプロセスにおける最終段階であり、**首長に政策的な判断を求めるラストステージ**です。

　したがって、実績に基づく数量査定に対して「モノ申す」（＝予算額が足らない）ものや、要求内容に工夫や見直しが見られない事業の再要求など、**首長に改めて判断を求めることが馴染まないものは、財政局と所管局の幹部の間で調整**し、復活要望の取下げを促したり、査定額を調整したりする場合もあります。

　復活要望に馴染まない要求か否かの判断は、財政課担当が行うものではありません。上司に速やかに報告し、指示を仰ぎましょう。


## ▶最後の踏ん張りどころ

　私の自治体の年明けの予算編成スケジュールは、１月上旬に首長報告と内示、中旬に復活要望、下旬に当初予算案の確定、並行して２月補正予算の査定、となり、１月は嵐のように時間が過ぎていくものでした。

　**復活要望は、査定期間という長いトンネルをくぐり抜けた上での「最後の踏ん張りどころ」**と言えます。

　復活要望の段階では、長期間の時間外勤務で心身ともに疲弊しているかもしれません。疲れて焦っているときこそ基本に立ち返り、上司への速やかな「報連相」を欠かさず、落ち着いて対応しましょう。財政局内の上司も、短期間で判断して各局幹部と調整するなどバタバタです。財政課担当は、上司を支える一員として、最後までやり遂げましょう。

### ┃Point ┣━━━━━━━━━━━━━━━━━━━━━━━●

**復活要望であってもやることは変わらない。査定期間のラストステージを乗り越えられるよう、基本に忠実に、最後まで焦らず対応を。**

## Q39 補正予算への前倒しには どうやって対応する?

**A** 補正予算の活用は、自治体の財政運営上、意義のあるものです。特に所管局経理担当との連携を大切にして、的確に対応しましょう。

### ▶前倒しとは国の補正予算に呼応すること

近年では、国が年末から年始にかけて「経済対策」や「防災・減災対策」と銘打って、補正予算を編成しています。補正予算で計上されるものは、国が実施主体となる事業のほか、国が自治体に補助金を交付して、自治体の取組みを支援するものなどがあります。

自治体としては、**国の補助金を活用して財源を確実に確保することで、一般財源の縮減や地方債の発行抑制（≒住民税による負担軽減）につながり、健全な財政運営に資するもの**とも言えます。

また、国補正による補助金を活用する場合には、自治体においても、国の予算化時期とあわせた予算措置を条件とされることがあります。

このような場合は、自治体で来年度当初予算として計上を予定していた事業について、**国補正による補助金を活用するために、当該年度の補正予算として計上時期を変更する必要**が生じます。

この調整を、「補正予算への前倒し」と呼んでいます。

### ▶局経理の協力を得ることが必須

補正予算への前倒しにあたっては、国の補正予算の内容や動向を確実

に把握する必要がありますが、所管局としても財源を確保するために情報を収集しているはずです。

　一方で、皆さんは、年末から年始にかけては、財政局部長査定や首長査定の真っ最中であることから、国補正予算の内容を丁寧に勉強する時間的余裕がない場合も多いでしょう。

　そのような状況でも補正予算への前倒しに効率的かつ確実に対応するためには、局経理担当者の協力を得ることが必須です。具体的には、**国補正の内容の情報共有や、所管局の補正予算への前倒しの意向などを確認**しておきましょう。場合によっては、前倒しが可能な事業の洗い出しをあらかじめ依頼しておくなど、局経理との連携体制を構築しておくと、漏れなく速やかに前倒しへの対応ができます。


## ▶数字の管理に慎重を期す

　補正予算への前倒しを行う時期は、来年度当初予算の予算案が固まる時期と重複するため、数字の管理には慎重に慎重を重ねましょう。

　当初予算から補正前倒しのために事業を引き抜く際には、歳出予算だけでなく、国費や地方債などの歳入予算も確実に減ずる必要があります。

　また、このような細かい実務的な作業は、財政課の上司もチェックする余裕がなく、担当頼みとなることもあります。**予算案を議会に提出してから間違いが発覚したら致命的な事態**となりかねません。

　確認作業においては、所管課担当のみの思い込みにもなりがちですから、必要に応じて所管課の上司にも確認をお願いしながら、確実に数字を整理しましょう。

**｜Point ｜**

**補正予算への前倒しは、自治体の財政運営上は重要な調整。所管局との情報共有を徹底し、遺漏のない対応を。数字の管理には細心の注意を。**

# COLUMN 5
# 課長査定で見られる「なるほど！」を紹介します

## 「目的」と「手段」を混同していないか

　本文でも記載していますが、大変重要なことなので補足をします。「目的」は税金を使うことの意義を表します。関係性に着目すると、「目的」を達成するために「手段」があると言えます。

　例えば「研修を〇回実施する」は目的ではなく手段です。その手段で目的を達成できるのか、という視点が大切です。

　財政課は、個別計画の内容のチェックを依頼されることもありますが、そのような時にも「目的」と「手段」の視点が生きるはずです。

## 補助効果を担保する要件はあるか

　民間事業者の設備投資に要する費用を補助する制度などでは、補助効果を担保する必要があります。

　特に政策誘導的に高い補助率で補助金を交付する事業では、補助が無駄にならないよう担保する「補助要件」が必要です。例えば、補助金を受け取った事業者がすぐに設備を転売してしまったり、他の自治体に転居してしまったりしたら、単なる税金の無駄使いになります。

　このような事態とならないよう、補助事業ではこれらを未然に防ぐ「補助要件」を求める必要があります。

## 施策の方向性全体の中での位置づけは

　個別の事業を予算化する場合では、その分野の施策全体の方向性の中での位置づけを確認することも重要です。全体の中で、今なぜその事業をやるのか、と議論を深めることができるからです。場合によっては、事業の重複やより優先してやるべき課題が見えてくることもあります。

# ＋α知識と
# スキルアップのコツ

# 次につなげて成果を挙げる
## ～「できる」財政課担当になるために～

### ▶総力で査定しても収支不足は埋まらない

　財政課で総力をあげて査定を実施しても、収支不足は生じます。私の自治体では、査定後でも2～3％程度の収支差が生じていました。

　この収支差は、経常的経費の歳出削減や歳入確保、臨時的経費のゼロ査定や所要額の精査など、切り詰めても埋められません。このことを踏まえても、**財政課担当は、厳しい姿勢で査定に臨む必要がある**のです。

### ▶最終的な調整事項を経て予算案ができあがる

　予算編成の最終段階の主な調整事項には「地方財政計画」や「財政調整基金」があります。覚えておきましょう。

#### ●地方財政計画

　毎年1月頃に国がまとめる、来年度の地方財政の一般財源総額等をマクロベースで整理した資料です。対前年度増減率などが示されるため、自治体における住民税や地方交付税の予算額の目安になります。

#### ●財政調整基金

　自治体における年度間の財源の変動等を調整するためのいわゆる「貯金」です。あらゆる査定後になお財源が不足する場合は、財政調整基金を取り崩して何とか収支を均衡させ、予算案までたどりついています。

　自治体により時期は異なりますが、全ての査定を実施した後、このよ

うな調整事項で何とか収支を均衡させ、予算案までたどりついています。

## ▶振返りでスキルアップを目指す

　予算案が固まったら、財政課担当の予算査定はようやく完結です。体力に自信がある方でも、さすがに疲労が蓄積しているでしょう。

　しばらく取得できなかった有給休暇を消化することはもちろんなのですが、あえて言わせてもらうと「鉄は熱いうちに打て」でもあります。査定期間後、なるべく早い段階で振返りの時間を設けて、**上司査定での指摘などを自分自身の引出しとして定着させる**など、**自分自身のスキルアップを目指して**ください。

## ▶組織のレベルアップを意識して「できる」担当へ

　上司や所管課に信頼される自立した財政課担当となるためには、自分自身のスキルアップはもちろんですが、もう一歩踏み込んで、「組織のレベルアップ」にも積極的に挑戦しましょう。

　皆さんの担当部局は1～2年で変更されるはずですから、自分が学んだことや担当局の重要事項を後任にしっかりと引き継ぐことにより、財政課という組織レベルの維持につながります。

　また、住民にとってより良い予算を作るためには、予算査定を通じて、所管課の協力が欠かせないことも痛感してきたことと思います。所管課担当者の中には、財政に関する知識の習得に意欲的な職員もいますから、様々な機会を通じて所管課の支援にも取り組むとよいでしょう。

　組織のレベルアップに取り組むことは、アウトプットの機会が増えることにつながり、「できる」財政課担当への近道です。振返りの仕方や組織のレベルアップにつながる具体例は、次頁以降で紹介します。

## Q40 対外発信までにはどんなやりとりがされているの？

**A** 住民に分かりやすい予算案のためにキャッチフレーズを検討したり、予算化の機会となる社会情勢の変動を確認したり、議会と意見交換を行ったりします。

### ▶予算はキャッチフレーズで特徴を発信する

　当初予算案が固まってくると、対外発信の仕方についても検討がなされます。当初予算では、住民に分かりやすく特徴を発信するため、キャッチフレーズを作ることがあります（新聞報道の見出しにもなります）。

　予算編成方針では、医療や福祉、教育や子育てなど、重点的に予算を配分する分野を示しており、対外発信する際には、新規・拡充事業をこれらの分野別に整理して発信することが多いでしょう。

　また、各所管局は、編成方針に基づきつつも、地域の実情を踏まえた様々な課題に対応するための予算を要求しますから、これらを精査して予算化した結果、特徴が見えてくることもあります。

　例えば、障害や教育部門などの専門職員の増員に係る予算が多く計上されれば「専門的人材の確保」というキャッチフレーズになります。

### ▶社会情勢の変動は新たな予算化の機会になり得る

　予算編成方針発出後から予算案を固めるまでの間に、大きな社会情勢の変動などが発生した場合は、来年度当初予算に向けて新たに強化すべき分野について、首長から別途示されることがあります。

例えば、大規模な災害が発生した場合には、迅速な対応を図るため、災害復旧に要する経費をその年度の補正予算で計上した上で、来年度当初予算でも「防災・減災のさらなる強化」「災害に強いまちづくり」などと銘打って、**重点配分する分野が追加されることがあります**。

　このような方針の追加では、財政課としても財政出動に積極的になるため、**所管課としては、これまで我慢していた予算を新規で要求したり、従来の取組みを加速化したりする機会**でもあります。

　予算は、住民サービスの向上を図るためのものです。皆さんは、ヒアリングを通じて担当部局の状況を把握できる立場ですから、必要に応じて所管課に「このような要求をしてはどうか」などと投げかけても良いでしょう。例えば、「防災・減災のさらなる強化」であれば、急傾斜地の崩壊防止工事数について、例年5か所実施のところを10か所に拡大する、などです。**予算化には、機会を捉えることも重要です**。


## ▶議会との意見交換を行う

　私の自治体では、当初予算案を議会に提出する前に、その概要を議会の代表者等に説明し、意見交換を行っています。

　財政局の査定では、税金の使途として適切か、必要性や緊急性はあるか、経費の規模は妥当か、などをチェックして査定を行いますが、庁内の理屈だけでは、住民の意見を反映し切れているのかは分かりません。

　**議会は、住民を代表する機関であり、住民自治の基盤**と言われます。

　当初予算案を固める最終段階で、このような民意を確認するやりとりがなされていることも覚えておきましょう。


## | Point |

住民や議会の理解を得るためには分かりやすさが重要。予算化の機会を的確に捉える意識を持とう。議会との意見交換も大切。

## Q41 さらなるスキルアップのコツは？

**A** 早めの振返りがスキルアップのコツです。自信を持ちつつも謙虚な姿勢を忘れずに、所管課の意見も大切にしましょう。

### ▶2〜3月は振返りと定着を図る

　財政課での初めての予算査定では、膨大な業務量に辟易し、査定の引出しの少なさに落ち込み、とにかく時間に追われるなど、地に足がついた時間を過ごせる方は少ないのではないでしょうか。

　予算案がとりまとめられて議会に提出されれば（2月上旬頃）、皆さんの大仕事はようやくひと段落となります。10月頃から長期間、年休は取得できないことが当たり前、休日出勤も余儀なくされる生活が続いたわけですから、心身ともに疲労が蓄積しており、この時期は**休むことも仕事**です（2〜3月は財政課の「春休み」とも呼ばれます）。

　一方で、**査定期間の記憶が鮮明なうちに、是非、査定作業の振返りを**してください。上司査定で指摘を受けた内容、所管局との調整がうまくいかなかったこと、首長査定で触れることができた首長の考え方など、**簡単なメモ起こしをするだけでも記憶の定着につながり**、自分自身のレベルアップにつながります。

### ▶自信を持ちつつ謙虚さも意識しよう

　予算査定期間が終わったら、月並みですが、**まずは査定期間を乗り切っ**

たこと自体に自信を持ってください。特に1年目は、漠然とした不安を抱えながら予算査定に突入し、査定期間中も、言葉では表現しきれないほどの苦労や葛藤があったかと思います。

　しかしながら、予算査定期間を乗り切ったことのみで、自信過剰にならないよう、自分を律することも心掛けてほしいのです。先輩・上司・所管課など周りの協力があったはずです。また、査定の本来の目的である「最少の経費で最大の効果を」発揮するための改善点もあるでしょう。

　**厳しい1年目を乗り切ることができたからこそ謙虚さを意識**し、来年度の査定作業に生かせることがないか、チェックしてみてください。


## ▶所管課の意見も聞こう

　予算は所管課と財政課で作るものです。長い予算査定期間中、所管課の経理担当者や事業担当者とは、濃い議論を重ねたり、短期間でのオーダーをお願いしたりするなど、様々な関わりがあったはずです。

　来年度以降、お互いにとってより充実した予算編成期間となるよう、経理担当者やキーマンとなる所管課担当者から、自身のヒアリングでの立ち振る舞いやオーダーの仕方、査定の内容や理由、内示での伝え方など、思い切って意見を聞いてみても良いでしょう。

　財政課担当は、査定期間は特に心に余裕がなく、所管課との関係性に注意していても、**所管課から見ると不満や言いたいこともあるはず**です。

　このような姿勢は、**所管課との信頼関係の構築**にもつながりますし、**ヒアリングスキルなどのレベルアップにも寄与**します。


## ▌Point ├────────────●

振り返らなければ定着しない。自信を持つことも大切だが、自分自身を律しつつ、所管課との意見交換を通じてレベルアップを目指そう。

## Q42 来年度への引継ぎには何が必要？

**A** まずは全体像を俯瞰的に捉え、ポイントとなる主要事業を後任に引き継ぎましょう。特に首長コメントは大切な引継ぎ事項です。

### ▶予算の全体像と主要事業等を引き継ぐ

　査定の担当部局は1～2年ごとに変更されるため、次の担当者に事務を引継ぐ場面が多く、また、**初めての引継ぎでは、引き継ぐ相手が新たな財政課着任者など、経験が浅い職員となることもあります。**

　まずは、次の4点を意識して引き継ぐと良いでしょう。

① 担当部局の当初予算の全体像（款・項・目の予算額）、目ごとの主な事業と事業概要

② 臨時的経費で新たに予算化された主要事業等ポイントとなる事業

③ 担当部局特有の事務作業（決算事務や毎年又は次年度に実施される協議事項など）

④ 次期当初予算で論点となりそうな事業

　1年目は皆さんも苦労したはずです。**次の担当がゼロスタートでは、組織として脆弱に**なります。次の担当者の負担軽減と、より的確な査定につなげるためにも、財政課担当の引継作業は重要です。

### ▶首長コメントや財政局意見は漏れなく引き継ぐ

　臨時的経費で新たに予算化された事業の中で、首長コメントや財政局

意見を付したものは、その内容を確実に引き継ぐ必要があります。

　所管課も人事異動があるため、内示で伝えたことがしっかり伝達されていないケースがあります。

　少なくとも財政課担当間では確実に内容を引き継ぎ、**首長査定での議論や指示が曖昧にならないよう、次の担当から所管課にも改めて伝える**など、丁寧な対応を意識しましょう。

## ▶規定の整備や補正予定も引き継ぐ

　新たに予算化された新規・拡充事業には、執行にあたり、実施要綱等の制定改廃などの規定の整備を条件づけられているものがあります。このような場合、自治体によっては決裁ラインに財政課長などを設定するルールを設けています。皆さんは所管課に規定の整備状況などを確認し、漏れなく速やかに事務手続きを進めるよう促す必要があります。

　また、都道府県や関係団体の動向により実施の可否が変わる場合は、「実施確定後に補正予算で対応」など、補正予算に委ねる査定となることがあります。このように実施が流動的な場合も、次の担当者にあらかじめ査定の状況を伝えておくと、所管課との調整がスムーズになります。

　なお、近年では、活用する事業を自治体で決めることができる国の交付金もあり、当該年度の執行状況（不用が見込まれる等）によっては、新たに活用する事業を補正予算で検討するなど、政策的な側面からも執行管理が必要になります。

　執行管理を次の担当に丁寧に引き継ぐことで、**所管課の査定結果に基づく適正な事務の執行や、的確な政策的判断につなげる**ことができます。

**┃Point ┣**━━━━━━━━━━━━━━━━━━━━━━━━━━●

財政課初心者への引継ぎは丁寧に。首長コメントや財政局意見は引き継がれないことも多いので注意を。執行管理も遺漏のないように。

## Q43 組織的なレベルアップに 貢献するには何をする?

**A** 経験を重ねれば査定ができるのは当たり前です。アウトプットを意識して、所管課職員の財政関係業務の支援をして、組織的なレベルアップにも挑戦しましょう。

## ▶意識してアウトプットスキルを鍛えよう

　財政課担当は、経験年数が長いほど査定の引出しが増え、査定スピードも向上するため、査定ができることは当たり前になってきます。

　しかし、繰り返し述べていますが、財政課という看板にあぐらをかき、「これで良い」と思ってしまったら成長はストップします。皆さんの仕事は、査定ができればそれで終わりではありません。

　予算編成作業は、庁内でも理解や習得が難しい業務ですが、住民サービスを支える大切な仕事です。できるだけ多くの職員に理解してもらえるよう、アウトプットスキルを鍛えましょう。

　具体的には、財政関係業務に限らず、何かを学習する際には、**インプットだけでなく、誰かに説明するアウトプットまでをイメージ**します。これだけでも、理解の深度がアップしますし、**どのように説明すれば分かりやすいだろうかを繰り返し考えることで、アウトプットスキルも鍛え**られるはずです。

## ▶所管課のレベルアップを支援する

　所管課にとっては、通常業務の片手間となってしまい前年踏襲の要求

作業となったり、実践的な予算業務を学ぶ機会が少なく苦手意識があったり、なかなかレベルアップに至らないことも多いものです。

このような状況を踏まえ、財政課担当は所管課と積極的に関わり、予算用語の意味や査定の考え方、資料作成のポイントなど、機会を捉えて伝えることで、所管課担当者の**財政関係業務に関する支援にトライすると良いでしょう**。

私も3年目頃からは、局経理や事業担当者からの執行協議や予算要求作業での相談機会を捉え、作業の意味や財政課の考え方を丁寧に伝えたりするなど、日頃から所管課のレベルアップを意識していました。

**所管課と協力してより良い予算を編成できるよう、所管課のレベルアップを支援するのも**財政課担当の役割です。

## ▶内部研修の講師も積極的に引き受ける

庁内の人材育成部門で実施する研修には、財政関係の項目もあり、予算編成作業を経験した2年目以降の職員が研修講師を任されるでしょう。

研修では、基本的な財政用語から予算・決算の実務まで、幅広い内容を、限られた時間でかみくだいて説明することになります。研修資料は出来合いのものがあるかもしれませんが、具体的な事例を補足したり、分かりやすい言葉に置きかえたりするなど、工夫は必要です。

それなりの事務負担にはなりますが、何とか走り切った1年間を振り返りつつ、多くの職員に「財政関係業務とは何か」を知ってもらい、**自身の説明能力の向上のためにも、研修講師には積極的に挑戦**しましょう。

**┃Point┃**

所管課のレベルアップはより良い予算編成につながる。査定ができることは当然と捉え、庁内全体への支援にも目を向けてみよう。

## Q44 所管課担当とともに スキルアップするには？

**A** ヒアリングを、所管課と予算を作りながら、お互いの成長も期待できる貴重な場と捉え真剣に向き合い、議論しましょう。苦労した分、達成感も得られるはずです。

### ▶所管課と向き合えるかどうかが自立のポイント

ヒアリングは、所管課と考え方の答え合わせをしながら議論でき、査定のポイントも共有できる、いわば予算を作る場とも言えます。

**所管課担当から要求に情熱を感じ取ることができれば、それは本当に住民のためになる事業になる可能性が高いのかもしれません。**

財政課担当は、そのような要求に対しては、予算化のためにはどのような情報が必要か、どうすれば査定できないストーリーまでもっていけるかを、所管課と一緒になって真剣に考えてほしいと思います。言い方を変えると、財政課目線でどうすれば査定できるかをあらゆる視点で考える、ということにもなります。

所管課も、真剣に考えて新規事業の予算を要求してきます。そんな要求に対して**所管課としっかり向き合えるかどうかが、予算を任せられる自立した財政課担当になれるかどうかのポイント**とも言えるでしょう。

### ▶お互いのレベルアップの場

所管課職員が真剣に考えた要求であったとしても、財政課の視点では、甘い要求となっていることもあります。

一方で、皆さんも担当部局が抱える課題の本質は、ヒアリングまでは分からなかったこともあるのではないでしょうか。

　お互いの立場を尊重しながら意見をぶつけ合えるのがヒアリングの場であり、そのような時間を経ると、更に客観的・具体的に整理ができたり、見えなかった効果指標が浮かび上がったりするなど、要求された事業が昇華されることもあります。

　聞き取るだけでなく、**議論ができる段階までヒアリングの場を引き上げられたときには、所管課担当も皆さんもレベルアップを感じることができる**はずです。

　ヒアリングの本質的な意義はそこにあり、**結果として、自治体運営の健全化・活性化につながる**ものとなるでしょう。


## ▶財政課担当冥利に尽きる

　ヒアリングは、財政課では担当職員のみが従事するスタイルなので、予算要求に関する**所管課の考えや熱意を財政課という組織に訴えることができるのは、財政課担当である皆さんのみ**、ということになります。

　所管課からすれば、予算化の是非は財政課担当に左右されることもあるため、皆さんは結構な重荷を背負わされるのです。

　ただ、とある事業について、ヒアリングで所管課の話を傾聴しながら議論し、所管課と財政課との間では潤滑油となりながら、**苦労して予算化に至ったときには、担当冥利に尽きる**ことが感じられることでしょう。

　また、そのような姿勢は、所管課職員との強い信頼関係につながり、幅広い人脈も築かれます。今後の公務員人生の糧にもなるものです。

### ▌Point ├────────────────────────●
ヒアリングの場をコーディネートできる財政課担当を目指してほしい。
所管課と皆さんの成長を通じた予算を作り上げる感覚が得られるはず。

## Q45 「できる」財政課担当になるためには何をすべき？

**A** 自身の査定スタイルの確立を意識してみましょう。予算編成作業は住民サービスを支える大切な業務です。無駄と無理のない査定ライフを目指してください。

## ▶自分のスタイルを確立する

　査定には、財政課担当それぞれの「スタイル」があります。

　大別すると、所管課の主張を聞きながらも理路整然とガツガツ査定するファイタータイプと、所管課と議論・調整しながら WIN－WIN を目指す調整タイプ、の2つになるかもしれません。基本的な考え方を習得したら、自分の性格や思想にマッチするスタイルを探しましょう。

　**大切なのは、不完全であっても、自分の査定スタイルを確立するよう意識**することです。自分のスタイルが確立できれば、**上司の顔色を伺いながらの査定ではなく、自信を持って意見を主張できることにもつながります。**査定を自分事にとらえ、積極的な姿勢を持つようにしましょう。私の場合は、性格的にも調整タイプなので、「協力して予算を作り上げる査定スタイル」をとっていました。その分話合いに時間を要し、上司からは「時間は限られている。効率性を重視するように」と指導されました。しかし「協力して予算を作り上げる」ことは譲れないので、所管課との信頼関係を重視してヒアリングでは話を傾聴し、財政課の考え方を丁寧に伝えながら理解を得ることの時間は惜しみませんでした。その結果、時間がない中でも所管課担当者が嫌な顔をせず優先的に協力してくれるなど、効率性の向上にもつながりました。

## ▶意識して決算の確認を行う

　厳しい予算査定期間を乗り越えると、全てが一件落着とも思いがちですが、自分自身がつけた予算の結果、つまり**決算がどのようになっているかをチェックすることも大切**です。

　社会保障経費であれば、査定で用いた対前年伸び率などが結果としてどの程度の精度だったのか、新規事業で見込んだ利用者数と実績の乖離はあったのか、などを確認することで、**リアルな反省につながります**。

　予算査定は客観的な理屈に基づき行われますが、予算と実績が乖離するケースもよくあります。所管課から実態を聞きながら、その理由をインプットすることで、次の査定に生かせることもあります。


## ▶無駄と無理のない査定ライフを

　本書では、特に財政課担当1年目の方に向けて、未経験ゆえの漠然とした不安を払拭するために、あるべき心構えや具体的な作業のポイントなどを述べてきました。

　2年目は、1年目と比較すれば驚くほど落ち着いて、効率的に作業がすすめられますが、それでも時間外勤務や休日出勤を完全に避けられるほどには至らないと思います。

　**まだ工夫の余地が**あります。本書での基本的事項やコツを踏まえて、皆さん自身の考えをプラスし、周囲の先輩とも話し合いながら、**作業の無駄を排除しつつ効率を求めましょう**。多くの職員が心身に無理のない「査定ライフ」が過ごせるよう、知恵を絞ってみてください。

### ▎Point ▎

自分の査定スタイルを意識し、上司査定でも主張ができる担当を目指そう。常に学びつつ、知恵を絞って工夫して、充実した査定ライフを。

# COLUMN 6
# 財政課での経験は「ご褒美」
## （インタビュー：元財政課担当Cさん）

## 予算が分かることは強み

「前に財政課にいましたよね？ 予算の見積りで相談したいのですが……」「予算に詳しいですよね？ 流用のことで教えてください。」

財政課からようやく異動して所管課に在籍していますが、「財政課出身」のため、近隣の課からも予算関連の様々な相談を受けています。

財政課で査定をしていたということは、逆を言えば、どんな予算要望の仕方であれば予算化できるかも理解しているので、所管課では周囲から重宝されるのです。「予算が分かる」ということは、間違いなく強みです。しかもこの強みは、どの部署に異動しても生かせます。

## 人脈は財産

異動後に気づく強みがもう一つあります。それは「人脈」です。

財政課担当は、予算編成を通じて多くの部署の多様な職種の職員と関わることになり、自分の名前と顔を知ってもらえたことは、私の公務員人生の大きな財産となっています。分からないことを専門部署に聞く際にも、知り合いがいるのといないのとでは、話のスムーズさが異なります。

## ご褒美をもらえるかはあなた次第

「予算が分かる」ことも「人脈」も、財政課で悪戦苦闘しながらも、所管課に寄り添い続けた自分への「ご褒美」だと思っています。どれだけのご褒美がもらえるかは、財政課での仕事の取組み方次第です。

まだまだ先の話ですが、皆さんがより多くのご褒美とともに（笑）、無事に財政課を卒業することを願っています。

# おわりに

　私がはじめに財政課に配属になったのは 2012 年ですから、今からちょうど 10 年前のことです。査定担当を 6 年、係長級 2 年、また別の部署を経て、財政課に戻ってきました。

　「査定の実務に特化した本を書いてほしい」との話をいただいたとき、大学で専門知識を学んでいない素人で、どちらかというとスマートに仕事をこなせてこなかった自分が、果たして世に出せるような本を書くことができるだろうか、と自問自答を繰り返しました。

　でも、日々悪戦苦闘していた 10 年前の自分に対してならば、効率的な査定作業や自立した財政課担当に向けた色々なアドバイスができるはず。それは、財政課の後輩に対しても同じはず、と思い、筆をとらせてもらうことにしました。

　自治体によって業務量は違っても、財政課職員が予算の査定業務を担っていることは変わらないでしょう。そして、どの自治体でも、1 年目の予算査定期間が最も辛いことも、同様だろうと思います。

　財政課で働くにあたって何から手をつけてよいか思い悩んだり、実際に働いてみてもなかなか頭の整理ができずに暗中模索だったりすることが、本書を通じて、少しでも解消することができたのであれば、私としては大変嬉しく思います。

　また、予算査定作業を経験した方は、実際の査定、いかがだったでしょうか？
　初めての予算査定だった方は、押し寄せる仕事の波に飲み込まれそう

になったり、スケジュール通りに作業がすすめられなかったりの連続で、始まる前は長く感じていても、終わってみるとあっという間、というのが正直なところではないでしょうか。

　最初は、失敗や反省もあるかもしれませんが、それは経験となって自分の体に染み込んで成長につながっていきます。2年目の予算査定は、自分でもビックリするほど落ち着いて臨むことができるはずです。

　本書では、財政課担当が身に付けるべき心構えや査定の考え方だけに留まらず、なるべく具体的で実践的な内容を盛り込み、初心者が実務で活用できるまでを意識して書き込んだつもりです。

　皆さんが、これからの長い財政課生活を過ごすにあたり、最も難しい1年目を無事に乗り越えられ、毎年の充実した査定ライフが送れますよう、心から祈念しています。

　最後に、本書を書き上げるにあたって、厳しくも心の底から頼れる上司、困ったときに手を差し伸べてくれた先輩、同じように苦楽を共にした財政課の同僚、私を頼ってくれた後輩、ともに予算を作り上げた所管課の担当者、そして、私を支えてくれた家族に、心から感謝を申し上げます。

2022年9月

岡本　寛

【著　者】**岡本 寛**（おかもと・ひろし）

現役の基礎自治体職員。民間企業を経験後、福祉、財政系部門を経て、2022年に財政課に戻る。庁内に留まらず、自治体財政を市民向けに分かりやすく解説。その他、財政課職員が健康的に、やりがいを持って働くためのノウハウを伝えるべく日々奔走中。

# 財政担当のためのはじめての予算査定 Q & A

2022年10月13日　初版発行

| | | |
|---|---|---|
| 著　者 | **岡本 寛**（おかもと・ひろし） | |
| 発行者 | **佐久間重嘉** | |
| 発行所 | **学 陽 書 房** | |

〒102-0072　東京都千代田区飯田橋1-9-3
営業部／電話 03-3261-1111　FAX 03-5211-3300
編集部／電話 03-3261-1112
http://www.gakuyo.co.jp/

ブックデザイン／佐藤博　　DTP 制作・印刷／加藤文明社
製本／東京美術紙工

©Hiroshi Okamoto 2022, Printed in Japan　ISBN 978-4-313-12135-5　C2033
乱丁・落丁本は、送料小社負担にてお取り替えいたします。
**JCOPY** <出版者著作権管理機構 委託出版物>
本書の無断複製は著作権法上での例外を除き禁じられています。複製される場合は、そのつど事前に出版者著作権管理機構（電話03-5244-5088、FAX03-5244-5089、e-mail：info@jcopy.or.jp）の許諾を得てください。

# 図解よくわかる
# 自治体予算のしくみ<改訂版>

定野 司［著］

自治体財政の「要」である自治体予算のしくみについて、その勘所が一目でわかる図解入門。「予算書の見方」や「予算ができるまでの流れ」が、豊富なイラストと図解でスラスラわかる！

定価＝2,640 円（10％税込）

# 自治体の財政担当に
# なったら読む本

定野 司［著］

自治体の財政担当に向けて、最低限知っておくべき実務の考え方・進め方をわかりやすく解説。上司・同僚・事業課との交渉のポイント、仕事への向き合い方など、財政担当としての心得や仕事術も紹介。

定価＝2,750 円（10％税込）

# 自治体財務の12か月
## <第1次改訂版>

松本茂弘［著］

財政・財務の仕事を月別のスケジュールとして示した上で、実務の考え方と事務のポイントを解説。お金の流れと施策決定の財源の裏付けが理解でき、地方議員や事業部局の職員にも役立つ1冊。

定価＝2,860 円（10％税込）